〔德〕托比亚斯·莫施泰特 著

陈敬思 译

Wir schlechten guten Väter

我们这些糟糕的好爸爸

父亲们的育儿实践与反思

商务印书馆
The Commercial Press

Wir schlechten guten Väter

By Tobias Moorstedt

With infographics by Ole Häntzschel

Originally published in German under the title " Wir schlechten guten Väter" by Tobias Moorstedt. With Infographics by Ole Häntzschel © 2022 by DuMont Buchverlag, Köln

Copyright licensed by DuMont Buchverlag GmbH & Co. KG

arranged with Andrew Nurnberg Associates International Limited

中文版译自杜蒙出版社 2022 年版

涵芬楼文化出品

献给我的家人

目录

关于本书 · 1
前　言 · 7

第一章 "我已经比别人多做很多了" · 21
第二章 "她就是比我更擅长这个" · 49
第三章 "从小别人就是这么教我的" · 69
第四章 "她不让我插手" · 97
第五章 "我们俩就是这么说好的" · 119
第六章 "我就是做不到" · 147
结　语 "你得改变你的生活！" · 173

附　录 · 185
注　释 · 193

关于本书

一个悖论：谁要是想写本书，讲讲家务劳动，谈谈家庭、职业和"追求幸福"三者的兼容性，那这个人自然没什么时间参与家务劳动。于是我开始反思商业社会的过分要求、反思过时的性别角色模式、反思自己油然而生的罪恶感，因为哪怕是坐在儿童游戏场边上，我依然在检查我的电子邮件，而不是帮孩子们在巫婆小屋中购买美味的沙土点心；哪怕我可爱至极的孩子们在推拉门后的客厅里嬉笑、哭闹、咳嗽、将满满一袋得宝积木块①丁零当啷地撒得一地都是，我依然不愿放下电话。

在她大获成功的"真相饼图"系列作品中，卡特娅·贝尔林通过图表展示了她所体会到的真相与社会上的荒谬行为。贝尔林有一幅作品嘲笑了新手父亲，他们对自己初为人父的新生活进行了大量的哲学思考，但并没怎么在日常生活中亲自出力。因此，在这里我要说一句：谢谢你允许我转载你的图表。[1]

这张图表很好笑，但也很真实，同时也提出了一个很好的问题：比起不停地夸夸其谈、思前想后、苦思冥想，"不要丛就是

---

① 得宝积木块（Duplo-Steine）为丹麦著名玩具品牌乐高（Lego）旗下的拼砌颗粒系列之一。——译者［本书页下注均为译者注，后不另注］

干"难道不是更有意义吗？但话说回来，从复杂性和有毒物质的半衰期时长上看，家务劳动分配不公这个问题和淘汰核电几乎不相上下。要想持久地改变现状，也许我们确实需要先对这个问题进行详细的描述和深入的理解。

鉴别"新手父亲"的标志

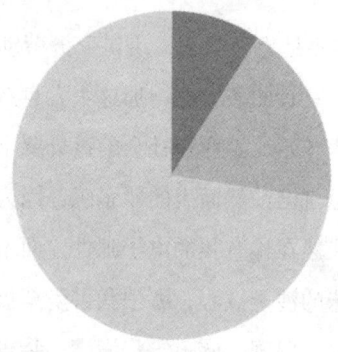

● 他随身挎着尿布包
● 他装着放在保鲜盒里切好的苹果块
● 他就这个话题写了本书

在为本书进行调查研究的过程中，我认识了大批优质父母，和他们进行了交谈。我给本书起这个名字，并不是想从道德层面谴责整整一代男性，而是希望描述我们社会现实的矛盾性。自然，时至今日，有无数男性已经承担了家中一半以上的家务劳动，这也许是他们与伴侣商量后的结果；也许是他们出于个人、职业或是健康原因做出的退让；也许是因为他们在独自抚养或是与他人共同抚养孩子；又或许是因为他们就是愿意这样做，并且真的付诸行动了。与此同时，在德国，从单职工模式到双职工模式，父亲从缺席到在场的转变方兴未艾，但远远没有完成，矛盾、悖论与奇怪反馈循环也随之出现。在今天的德国，一半多一点的男性希望能和伴侣平摊育儿工作，但绝大多数男性依然认为最适合幼儿父亲的生活方式是全职上班，这该怎么协调啊？

考虑到伟大的社会学家尤塔·阿尔门丁格所著的《携手共进：我们如何才能最终实现性别平等》这样的书已然珠玉在前，本书并非一份私人生活层面或是政治层面的待办清单，而是一张现代父亲的心理图析。这种觉得"给孩子挑衣服、带孩子看医生不归我管"的奇怪的本能心理究竟从何而来？我们要如何处理期望与现实之间的矛盾？我们必须要和伴侣与雇主聊哪些事情？

20世纪90年代末，时任美国第一夫人希拉里·克林顿带火了一句谚语："养育一个孩子，需举全村之力。"①那写一本书需要什么呢？我不想用这本书为期十个月的创作历程和怀胎十月做一个怪类比（关键词："子宫阴道羡妒"②以及"狂妄自大"），但拥有一个支持系统显然帮了我大忙，它提高了我的工作效率，弥补了我的缺陷，让那些我自己也许都觉得模糊的想法逐渐成形。首

---

① 1996年，希拉里·克林顿出版了《举全村之力》(*It Takes a Village: And Other Lessons Children Teach Us*)一书，强调家庭之外的个人及群体对孩子成长的重要影响，提倡建成一个能够满足孩子成长需求的社会。

② 子宫阴道羡妒（Gebärneid，英语womb envy）为女权主义心理学术语，是一种对弗洛伊德的阴茎羡妒的反驳，指男性由于嫉妒女性的生理特点和生理功能（怀孕、分娩、母乳喂养等）而引起的焦虑。男性认为生育能力可以提升女性在社会上的地位，这种自卑感激发了男性的上进心，让他们努力在其他事业上取得成就。

先,我要感谢我的妻子西比勒,在完成她"几乎全职"的外科医生工作之余,她还想办法帮我腾出了完成这本书所需要的时间和精力,她对整体的把握、对细节的关注以及她的爱不仅让我们的家成为世界上最美好的"气泡",更让我成为一个更好的人、一个更好的父亲。

我还要感谢杜蒙出版社的非虚构图书项目经理塔尼娅·劳赫,是她说服了我开启这趟研究之旅。这次研究真的很值得,至少我觉得很值得,希望各位读者也能有同感。感谢我最好的朋友兼秘密文字编辑雅各布·施伦克,谢谢他付出的时间和他在社会学方面的洞察力。感谢米夏埃尔·莫施泰特、贝内迪克特·萨尔赖特、亚历山大·伦特和卡琳娜·尼奇给出的反馈和想法,感谢西尔克·普罗布斯特与蒂梅阿·旺科一丝不苟地检查了引用出处,感谢奥勒·亨茨舍尔制作的精美图表。

除了感谢我的父亲赖纳·莫施泰特与我进行的促膝长谈,我还要感谢我的母亲安格拉·希尔默尔-霍夫曼,在本书创作期间,当核心家庭无法再承担工作与育儿的双重压力时,她多次坐飞机赶来救场。我还要感谢我在南森与皮卡德出版社的所有朋友和同事,在我的写书进程与日常工作发生冲突时,他们总是能给予理解;他们不仅鼓励我,还日复一日地向我展示,拥有一个能够灵活自主决定工作与生活平衡的职场环境是多么可贵。我特别要感谢桑德拉·朗曼和劳拉·赛尔茨,她们与来自德国、奥地利和瑞士的二十多位父亲进行了半结构式访谈。在访谈中,这些爸爸讲述了自己作为父亲的体验,他们的讲述有着令人难以置信的诚恳与真实,而且往往非常幽默。我还要感谢所有与我和我

―― 关于本书

的团队讨论这个话题的父亲和专家，其中包括德国经济研究所的卡塔琳娜·弗勒利希、"父亲们"非营利有限责任公司的福尔克尔·拜施、《男士健康（爸爸版）》的马尔科·克拉尔，因为我希望我能从不同角度看待这个话题，而不是在自己的"气泡"中故步自封，虽然待在"气泡"里也挺不错的。

当我心生怀疑，开始纠结是否应该在本就无暇陪伴家人的前提下写书反思家务劳动时，许多好想法、好点子与好例子给了我继续下去的能量。在经过了数轮"封城"、体验了与家人共度的美好时光、经历了幼儿园门口的精神崩溃和赶不上的截止日期之后，有一种感觉依然强烈，我在日常家庭生活中非常熟悉这种感觉，我相信很多父母也都深有同感：我希望自己做得够好。

前 言

突然成了一家之主

那是2020年3月14日，一个个坏消息接踵而至：德国新型冠状病毒感染人数每两三天就翻一番；DAX股票指数短短一周内就跌到了历史最低点；意大利和西班牙医院里的景象不禁让人联想起灾难片。南欧此刻的景象似乎预示着我们惨淡的未来，有些惨状我们几乎只在祖父母讲述的故事中有所耳闻：超市里空荡的货架、医院无法收治的病人、被军用运输车拉走的几十口棺材。

但真正让人恐慌的是随后的这条消息：在3月的那一天，巴伐利亚州关闭了全部学校和日托机构，"包括所有私立学校、职业学校、儿童日托所及特殊教育机构"，而其他联邦州也迅速跟进。《南德意志报》在封城开始前几天便报道了人们对于居家可能引发的怒气的恐惧。比起新冠病毒的真实致死率、通气设备是否够用、新冠病毒传播链追踪应用程序的数据保护问题，幼儿园的关闭显然更让人们忧心。"真是一桩丑闻！"报纸这样引述手足无措的父母们的感受。以及："我要怎么克服这种空虚无聊？"再以及：如何给孩子们找五周的乐子，而不至于让他们"只沉迷于手机、电视和游戏机"？[2]

政治家们同样束手无策:"头几天有点磕磕绊绊在所难免。"巴伐利亚州总理马库斯·索德尔这样表示。他的回答也昭示了这个"老白男"团队和"指标女总理"①在疫情发生后接下来的几个月中谈及关闭学校和幼儿园问题时的共情力水平。

我现在还记得一清二楚:2020年3月14日那天,我读到警惕"居家怒"那篇文章时还大笑了一通,尽管我三岁女儿的幼儿园也在关闭之列,而我们全家从蒂罗尔旅游归来后,已经在这个阴沉的晚冬选择了在80平方米之内的家中开始自我隔离。

灾难尚未降临时的悲观情绪让我觉得可笑,那时随处可见的"新冠能够带给我们什么教训"的论述同样让我觉得可笑。病毒潮尚未越过阿尔卑斯山,人们已经将自己塑造成了自然灾害幸存者的形象,这让我很反感。"很遗憾,我们大概得先摸着石头过河了,故事的主旨要到结尾才能见分晓。"自以为无所不知的我在推特上这样写道。[3]

当时的我很天真,是那种云淡风轻的烦人精,会在社交媒体上发表"艾萨克·牛顿和威廉·莎士比亚都是在17世纪瘟疫大流行期间完成了他们最好的几部作品"这种言论(但我忘记了两件事情:牛顿是个没有孩子的单身汉,而莎士比亚则把家人留在了远离伦敦戏剧生活的埃文河畔的斯特拉特福)。

我之所以能这么气定神闲,也许只是因为我们两口子在疫情开始时手上还有十个月的育儿假,而我作为自由职业的知识工作

---

① "指标女总理"指时任德国总理安格拉·默克尔,意在讽刺其在政治上无所作为,当选仅仅是为了满足政府中的性别平等指标。

者，工作时间是非常灵活的；但也可能只是我低估了事情的严重性，而真正的灾难还没有降临。

新的旧常态

封城刚开始时，我每天只工作几个小时，还觉得工作伙伴的孩子在视频会议时忽然出现在画面里非常好玩，简直像看木偶戏里的人物登场。我还试验了一下，看看自己能不能一边写方案，一边听三岁的女儿趴在我肩膀上高唱我俩创作的热门金曲《我所有的小老鼠》。但很快，我就开始经常对她说："去客厅找妈妈玩好吗？"渐渐地，只有三岁的她也明白了我的言外之意，于是开始问："现在你是不是**不巧**得工作了啊？"从此，"不巧"这个词在她心中就意味着她的父亲在厨房桌旁坐下、打开电脑、关上门的那一刻。太不巧了，可我又有什么办法呢，事情就是这样的。到了2020年夏天，我又回到了每天在办公室工作八到十小时的日常，三岁的女儿每周只能和她的幼儿园同学见两次面，而一岁女儿的入园适应期也在推迟中，一直定不下来。我的妻子，一位有着重症监护经验的医生，也暂时停下了育儿假后找工作的进程，"等情况明朗了再说"。我这边进展倒是很顺利。我很快地适应了视频会议，而当我下午五六点钟从几乎空无一人的共享工作空间回家时，我的女儿会一溜小跑扑进我怀里，嘴里还叫着"爸爸"。这场景我和我父亲经历过，而他和他父亲可能也经历过，此前的世世代代也都是如此。突然之间，我成了一家之主。

"新冠肺炎疫情就像一个放大镜，不分好坏地放大了一段关系中在疫情前就已经存在的一切。"来自纽约的家庭治疗师埃丝特·佩雷尔这样表示,她因她的播客"咱们该从哪儿说起?"而闻名。[4]社会学家亚明·那塞希认为:"新冠危机不仅是对国家与企业的压力测试,也是家庭需要面对的一场压力测试。"[5]

有了新冠肺炎疫情这个放大镜,我再也无法忽视一个事实:为人父母三年,在生育了两个孩子、经历了一场疫情之后,我对自己为自己设定的标准,以及我与妻子一起做出的"做地位平等、责任平等父母"的决定都出现了动摇。作为一个所谓的"进步父亲",我确实因为"花时间陪孩子"而得到过很多正面反馈:一位关系很好的女性朋友曾经当着她丈夫的面点名表扬过我,因为我记得在孩子们相约一起玩的时候给自己女儿带上跑步袜。联邦家庭事务部也在《2018年度父亲报告》中指出了一项很明显的变化。[6]但情况果真如此吗?我应该为收获的正面反馈感到自豪吗?还是说女性和整个社会对男性的预期就这么低?

我送女儿去幼儿园,一般六小时之后再回来接她,但我的健身频率依然要比我妻子做产后体操的频率高。孩子们在保持社交距离前提下在游戏场举办生日聚会,去参加的人是我(还迟到了二十分钟),但负责把这项日程记入家庭日历的人是我妻子。孩子的就医预约和组织孩子与其他幼儿园小朋友一起玩耍自然也是她负责安排。每当她母亲或是我母亲夸奖我对这个家的付出时,她都会气得哼哼,因为她感觉大部分的责任和计划都悄悄地被甩给她承担——这种现象在关于性别平等的论战中有一个学名,叫作"精神负担"——身为医生,她的工作也要比我的工作要求更高、更辛苦,而她这种感觉的确不无道理。我们一家并非这种情况的个例：尽管有60%孩子未满三岁的父母都希望伴侣双方能在家庭和事业上投入一样多的时间，但根据《父亲报告》[7]，只有14%的夫妻的确实行了这种伴侣模式，而这项研究是在新冠肺炎疫情前开展的。

向着未来开倒车？

"新冠病毒最深远的影响之一在于它会将许多伴侣关系传送回20世纪50年代。"2020年春天，海伦·刘易斯在《大西洋杂志》上这样写道。[8]尽管男性死于新冠病毒的可能性是女性的两倍[9]，但这种病原体同样感染并破坏了富裕国家许多现代夫妇在过去20年里建立起的生活模式：因为孩子白天可以交给幼儿园，晚上可以交给保姆，夫妻双方都可以去工作，晚上去健身或看电影，甚至伴着烛光与香槟享受或安详或狂野的二人世界。但如果幼儿园一关就是几个月，夫妻们就不得不做出决定，让两人中的一个减少工作量。而在德国，为了照看幼儿、在家教育孩子而做出退让的主要是女性，男性则重新捡起养家糊口的老角色，因为在所有孩子未满六岁的母亲中，有73%的母亲从事的是兼职工作，但从事兼职工作的幼儿父亲则只占总数的7%。[10]短短几周之后，柏林社会科学研究中心的研究人员就在题为《新冠时代的有酬就业》的研究中发现，母亲远比"父亲更容易受到工作时间调整的影响：与父亲们相比，她们继续按照正常时间工作的可能性要低6个百分点，彻底放弃工作的可能性高4个百分点"[11]。来自柏林社会科学研究中心的社会学家尤塔·阿尔门丁格也注意到了显著的"再传统化"："基础设施消失了，政府在头几个星期里对家庭也不怎么关心，'啪'地一下：传统的性别模式和刻板印象一夜之间都回来了。"[12]

"啪"地一下，我们也落到了这步田地。从务实层面看，在2020和2021这两年疫情期间，我妻子续了几个月育儿假，而我则继续工作，赚取房租、家庭日常开销和我们去阳台上度假的费用，这个做法很合理，但这完全不符合我们对于美好的共同生活的设想。新冠肺炎疫情并没有引发这种局面，只是让它变得无法被忽视。哪怕我们目前还不清楚病毒会对社会，特别是家庭造成什么样的长期影响（毕竟有些研究报告称，居家办公会让父亲有更多时间陪伴孩子），但有一点是肯定的：过去的做法不会，也不能再继续下去了。

实际上，在当下的德国，我们从未有过如此良好的条件来平等分担家务劳动：我们有育儿津贴和育儿假，法律规定父母有请日托机构照顾孩子的权利，还有家庭治疗措施，可以通过咨询和指导为我们提供支持。但我们就是没能实现这一点。"我们该问的问题不是'为什么社会变革发生得如此缓慢'，"社会学家斯科特·科尔特兰也这么认为，"而是'为什么男性的抵抗如此成功'。一言以蔽之：让领域进一步分离符合他们的利益，这种分离能够证实男性的理想标准，并维护一种重男轻女的性别秩序。"[13]

我有在抵抗吗？虽然我也许不是有意为之，也从来没有公开地表示出这种意识形态，但我越来越经常地感觉自己被抓了个现行：在去谈工作的路上，我路过一片游戏场，却只看到母亲带着

—— 前言

孩子；或者是我又忘了给我女儿的玩伴准备生日礼物。为什么我会暗暗期待着周一的到来，期待回到我安静的办公室？为什么我逃避起来总是轻而易举？我为什么会安于现状？我可不是统计学研究中的一个片段，放任自己被社会经济的热流裹挟，去往一个不想去的地方。

这个项目

这本书不是一本指导手册，不能通过某种注册过商标的"五步走"或是"十二步走"来帮助人们实现透明、公平且幸福的照料工作分工（对不起啦）。指导手册会让你相信，任何问题（无论是身体质量指数还是抑郁症）都有一个很简单的解决方案。但如果照料问题真有一个简单的解决方案，那人们早就已经付诸实践了，父母们皆大欢喜，这本书也就没有存在的必要了。显然，事实并非如此。实际上，情况甚至更糟。我们甚至还没理解问题的全貌。我们对男人的情况了解得太少：他们对自己有什么期望？什么样的情况会让他们感觉压力巨大？要想让他们（能够）做出改变，需要改变什么？"这方面的数据和研究几乎为零。""父亲们"非营利有限责任公司的创始人沃尔克尔·拜施这样认为。十五年来，拜施一直在为父亲和企业提供建议，从而让他们向更为家庭友好的工作模式过渡。"这种盲点令人吃惊，因为如果我们想要应对21世纪带来的挑战，让父亲们参与到照料工作中来极为重要。"我们该如何帮助我们的孩子，让他们成长为幸福且自信的人？我们如何组织对老人和病人的照顾？在数字化时代，我们究竟应当如何工作，如何与家人们一起生活？如果不讨论父亲所扮演的角色，我们就无法解答这些问题。单靠政策是解决不了这些问题的，我们需要的是家庭层面的参与和新思路。时至今日，我们需要每一位父亲的参与。

除了我自己的亲身经验与实际观察，心理学、社会学和神经生物学领域的最新科研发现，以及一项独家抽样研究的结果也是本书内容的重要来源。除此之外，有研究者与来自不同行业、不同社会阶层的二十多位父亲进行了一系列半结构式访谈，而我也将在本书中提及这一系列访谈的研究结果。我希望这本书能够打破有关家务劳动与（情感）空间公平分配论战的僵局，并为下列问题给出解答：是什么让我们这些现代男性远离家务劳动？而我们又在哪些问题上作茧自缚？

构成本书章节框架的是父亲们的六大经典借口，比如"女人就是擅长做家务"，这个借口显然被男性读者们用滥了，而女性读者们肯定也都听腻了。本书不仅要涉及从职场到神经生物学再到伴侣浪漫情趣的多个领域，还将尽可能真实地审视社会学家科尔特兰所提到的"抵抗战略"。

"我已经比别人多做很多了"

一个愚蠢至极的论点，但它总是冷不丁地从我的脑子里冒出来，毕竟总有一些无名小卒比我更懒惰、更不上心。但这是让人心安理得的理由吗？第一章将对现状进行展示：当代家庭有什么样的组织形式？他们对生活的满意程度如何？过去几年有哪些变化？其他国家的情况如何？我们又能从中学到什么？

—— 前言

"她就是比我更擅长这个"

即便是在2021年，大多数德国人依旧认为女性"天生"更适合照顾孩子。科学界对此有什么认识？为什么"超级母亲"这一论断依旧长盛不衰？它又会对现代家庭的生活造成什么样的影响？

"从小别人就是这么教我的"

在我每晚给女儿念的许多儿童读物中，母亲要么在家操持家务，要么只是从事兼职工作，而父亲则很少出现（更绝对不会出现在厨房里）。我之所以选择了这样的儿童读物，并不是因为我觉得他们写得很好，而是因为几乎没有童书不是这样的（即便是动物家庭也要遵循父权制呢）。我经常扪心自问：读这种书会让孩子们记住什么，读这样的书又会对我们的日常生活、对我和我妻子之间的角色分工造成什么样的影响？我自己以及现在这一代父母在20世纪八九十年代又在家庭、流行文化和媒体那里受到了什么样的影响？哪些方面有所改善？哪些方面没有进步？哪些方面现在非改不可？

"她不让我插手"

几乎每个父亲都有这样的经历：你给孩子穿衣服时，身后总会响起一个声音："你不觉得这身太厚/太薄/太绿了吗？"长期以来，科学研究证明，女性会自觉或不自觉地包揽家务劳动中的一些任务，从而使得男性难以参与其中，这种现象的学名叫作

"母亲守门员效应"（Maternal Gatekeeping）。社会学家科尔内利娅·科佩奇就这一问题进行了大规模研究，她建议各位女性多容忍一下男性造成的混乱状态[14]——虽然"混乱"这个形容听起来跟"太厚/太薄/太绿"几乎没什么区别。本章将探讨母亲守门员效应这种现象是否真实存在，以及有哪些应对策略。当然，这也引出了一个问题：父亲和孩子打交道的方式是否就是和母亲不一样——以及这为什么并不完全是件坏事。

"我们俩就是这么说好的"

在孩子呱呱坠地之前，情况还比较风平浪静，夫妻俩还有时间一起描绘一幅未来的美丽画面，这画面往往色彩明亮、颜色简单，而且夫妻俩完全意识不到这些最初的设计决定会造成什么样的后果。我们的小女儿出生后，我妻子说："这次我想在家待一年。"当时我回答道："好啊，可以，没问题。"那时的我觉得，我自然要尊重这个愿望：毕竟我作为自由职业的知识工作者，赚钱方式是很灵活的；毕竟我不想臆断自己能完全理解一位女性（同时也是我的妻子）与腹中孩子之间的感情；毕竟我很爱她。但如果我当初对她说了下面这番话，也许我俩的日子都会更好过："抱歉，宝贝儿！我也想一起养孩子，咱俩要不对半分吧。而且莱布尼茨经济研究所说了，为了照顾家里而休两个月以上育儿假的男性会在之后的几年中更经常参与家务劳动，在孩子出生后的头6年里，他们周末每天会多花1.5个小时陪伴孩子，还会做更多的家务。[15]这可太适合我了。"

但我并没有这么说，于是我和绝大多数男性一样，只休了两

──── 前言

个月育儿假。这种争论在夫妻关系中是如何发生的？最突出的动机是什么？这种争论的后果又是什么？

"我就是做不到"

在参与本书抽样调研的父亲中，几乎有一半人同意，他们所在的公司制定的家庭友好型规定是流于形式的。这不仅仅是公司是否有内部幼儿园，或是人力资源部门如何对待育儿假申请的问题，团队内部的主流文化也很重要。75%的男性认为，上司做出表率，带头休育儿假至关重要。[16]第一个吃螃蟹的行业领军者、雇主与雇员有什么样的经验？什么时候经济状况会真正使得父亲们消极怠工，什么时候只是拿出来挡枪的廉价借口？我们要如何改变我们的工作环境，才能让做尽责父母和拥有经济保障二者不再势同水火？文化层面的变革之所以进程缓慢，真的只是因为企业抱着过时的模式不愿意撒手吗？当我傍晚和孩子们一起趴在客厅地毯上拼拼图，却总是忍不住想要检查自己的邮箱时，我问自己：难道说问题其实出在我们自己身上？有什么消息能比我一岁的女儿第一次把牛腿拼到牛身上时的喜悦更重要呢？我中彩票了？欧盟委员会主席本尊亲自给我发消息？

那现在怎么办？

当然，到了本书的结尾，我们自然要面对一个问题，那就是我们要如何更好地应对自我、性别角色影响与社会给我们带来的挑战。不能说没有人给我们打过预防针：早在我第一个女儿出生之前，我就已经从诸多研究和身边朋友那里了解到，孩子的诞生会让伴侣关系的质量明显下降。据联邦统计局报告，离婚夫妇中约有一半都是未成年子女的父母。[17]"从夫妻到父母的转变是人一生中可能经历的最大变化之一，除了为人父母的喜悦外，这种转变中自然也潜藏着许多危机。"执证教育学家兼家庭指导师朱迪丝·罗斯纳这样认为。[18] 我们要如何避免这种潜在的危机发生，或者至少做一些缓冲呢？如何形成一种全新的伴侣文化，从而让它不再只围绕着养育孩子打转，且可以应对孩子成长与父母自身衰老的冲击？

如果有人问社会学家凯-奥拉夫·迈瓦尔德，要如何做才能减少亲密关系中的冲突，在后性别革命时代提升**所有**人的满意度，他会说："有一个简单而有效的办法，那就是交流。"[19] 当然，说着容易，做着难。爱和关注并不是全部，在日常生活中付诸行动同样必不可少。在我还没有成家之前，我觉得开计划会议、制订工作日程是一件特别不浪漫的事情，但现在我觉得这就是最浪漫的事。**我们**究竟有什么样的计划？**我们**看重的是什么？重要的是要积极主动地去反思处理家庭生活中的日常事务和问题，并找到真正适合自己的解决方案。我衷心希望，本书能够让一些读者走上这条道路，或是帮助他们走上这条道路。

本书的最后几页是一份附录，里面收录了一些网站链接、信息资源、推荐阅读内容和发散点，供希望就这一话题进行进一步探讨的父母们参考，祝各位读得开心、看得充实！

在研究过程中，我有幸与许多激动人心、富有勇气、充满创造力的人进行了交流。一方面，我为本书采访了多位专家[20]；另

前言

一方面，我也结识了许多有血有肉的人，许多有血有肉的父母，他们让我更加了解我自己，也更加了解我们所身处的这个社会。让我印象最深的是，各位父母没有被日常生活压垮，而是将压力和焦虑转化成了积极的能量：有一位企业顾问和她的丈夫在封城期间轮流在自家的汽车里开视频会议，因为家里的空间实在是太狭小了（这位女士后来和几位女性朋友一起发起了一场社会运动，争取更多的家庭权利）；有一位创业公司老板和妻子做了交换，把共享工作空间留给她完成专科医生培训，自己则去了儿童房，但他表示自己"乐不思蜀"；还有一位长途汽车司机每天通过视频通话给自己的女儿补习数学……

所有这些例子都以一种可触、可感的方式展示了一个值得个人与全社会为之奋斗的未来。在这个世界里，无论是女性还是男性都不再会被内在与外在的期待强迫着去扮演某种角色，而是有机会按照自己的意愿和需求行事；在这个世界里，影响人际关系的重要因素是沟通交流与团队合作，而非冲突、争执与习惯性的消极抵抗；在这个世界里，父母应当与孩子建立深厚的情感联结，开诚布公并且相互扶持，这样的关系不能仅仅局限在孩子人生的头几年，而应当贯穿他们的一生。

对这个话题研究得越多，我就越坚定地认为，我必须在生活中做出改变，而且或许对于其他人而言，这样做也是值得的。为了实现这个目标，我们必须从现在开始行动起来。毕竟有一句话我绝对不想说给我的孩子听，那就是"要是能穿越回去的话，我一定会重新来过"。我们只有一次机会，好好把握吧。

第一章

"我已经比别人多做很多了"

现状—历史—精神负担

在德国，一位现代父亲想要脱颖而出可太容易了：我带着两个孩子去逛每周集市，本来只是想买点儿草莓，却突然被一位摊主猛夸了一通，那劲头简直像打烊前紧急推销熟过头的热带水果："四欧元两碗！您一个人带孩子出来啊？您说其他国家哪有这样的事儿啊！两碗卖您三欧元吧！"他的大声感叹响彻整个广场，又说有我这样的人做老公可真是德国女人的福气。

我经常陪孩子玩，甚至还会在我四岁的女儿摔个马趴时哄她，对此大为震撼的可不只是卖蔬菜水果的小贩。我妈妈和我岳母也都曾经热情过头地感慨道："你真是太上心了。"有位女性朋友甚至曾经当着她老公的面点名表扬过我，因为我记得在孩子们相约一起玩的时候给女儿带上跑步袜。联邦政府也对父亲们的参与度赞不绝口，说父亲们积极参与育儿的这个趋势在不断继续。[21]唯一对现代父亲们的模范行为毫不感兴趣的是我们的妻子、我们孩子的母亲。所以究竟谁说得对？

要孩子一直是我未来规划的一部分，而且我想要好几个。

我自己有两个兄弟姐妹，我父母也经常敞开家门招待朋友，他们会留下来跟我们一起吃饭，总之家里一直是热热闹闹的。

——丹尼尔，37岁，创业公司老板

一对3岁双胞胎和一个5岁男孩的父亲

有时我自己也会觉得，与前几代男性相比，我和孩子们的关系确实有所不同，我和她们更亲近。但有些时候，当我晚上6点——呃，好吧，是晚上6点37分——从办公室回家，当啷一声把钥匙扔在餐具柜上，然后冲着走廊大喊"我回来了！"的时候，我感觉自己就像是个20世纪初的大家长、像个在扮演现代父亲角色的冒牌货，我实际上依然在按照男人一贯的方式做事。至于哪种感觉占上风，这主要取决于我当天的状态、睡眠时长以及待办事项清单的长短，于是我在骄傲自满和良心不安这两极之间反复横跳、摇摆不定。但这并没有让我变得更容易沟通。举个例子，我妻子跟我说她要去其他城市找朋友玩几天。她们咋就不能来找你呢？"人家不能撂下家里人不管呀。"啊哈，你就可以放心把我跟孩子撂下不管是吧，虽说我平时也会送孩子上幼儿园、带孩子看病，还经常下厨做饭？"我本来也比其他人做得多嘛。"

是啊，所以呢？

龟速前行还是狂飙突进？

根据德国经济研究所的计算，1997年，男性每周与孩子一起相处的时间是17小时；2007年的数据是22小时；而到了2017年，这个数字则已然涨到了26小时。[22]尽管我本人和我认识的许多父亲已经奔着每周35到45小时的数据而去,但我还是要问,这每十年不超过20%的涨幅究竟是联邦家庭事务部声称的显著变化,还是一种龟速前进?

2017年,《经济学人》在八个西方国家进行了一项调查,调查结果表明,在德国,有大约50%的父亲认为家中的家务劳动分配公平,而赞同这一说法的母亲只占总数的1/4。[23]根据联合国2020年的估计,按照目前的发展速度,男女同工同酬要到250年后才能实现,而在政治参与或家务劳动等其他领域,要实现真正的平等,可能还需要更长的时间。[24]或许我们永远都实现不了这个目标了?在本书接下来的章节中,我会对育儿假、工作与事业的协调或是"母亲守门"现象等主题进行更深入的探讨,但在现在这一章中,重要的是搞明白我们今天所处的位置。在面对其他某些同性或祖辈时,我和其他所谓的现代父亲会感觉自己非常进步、产生一种道德优越感,我们这种感觉合理吗?"历史之途前路漫漫,但终将归于正义。"在2007年的那次著名演讲中,巴拉克·奥巴马引用了马丁·路德·金的这句话(尽管在之后的十五年中,我们着实没怎么感觉到这种大势所趋)。[25]所以在私人空间里,情况真的在朝着平等、开放、自由的方向发展吗?

三位聪明绝顶的女性对这一问题给出了明确的答复:

"伴侣合作照顾孩子需要父母各承担七个月的责任,我们离这个目标还差得很远。"社会学家尤塔·阿尔门丁格这样写道。[26]

"如果我们把它称作一场革命,那它真是一场规模很小,进程很慢的革命。"德国经济研究所的家庭经济学家卡塔琳娜·弗勒利希这样认为，"你越是仔细端详它，这场革命就越是缩水。"

"我不希望我的女儿们从小就觉得擦窗户这种事情只需要女的来操心。"我的妻子这样表示。

> 我有时候会觉得，作为男子汉，多做一些是应该的。当然，照顾孩子、操持家务是很难的，因此我非常怜惜我的妻子，也很尊重她、很爱她。但我觉得在家带孩子肯定不会有我在职场上压力大。但我的妻子显然不这么看。
>
> ——卢卡斯，32岁，项目经理
> 一个1岁男孩的父亲

这个话题的相关数据并非什么不可告人的秘密：相关的信息图表和幻灯片表格每年至少会在社交媒体上引发两次例行骂战——一次是在2月29日的平等照料日，一次是在3月8日的国际劳动妇女节——然后转头就被塞回集体意识深处。

因此，我在这里只做一个简要介绍：在过去的25年里，夫妻家庭中的女性劳动参与率持续上升。1992年，这种生活模式下的女性就业率略高于60%；到了2016年，这个比例则接近80%。[27]然而，联邦统计局2018年的数据显示，66.2%拥有未成年子女的德国母亲从事兼职工作，而从事兼职工作的父亲则只占5.8%。[28]尽管女性就业率稳步上升，男性在家务劳动和育儿方面的参与度却涨幅不大。1992年，与伴侣共同生活的男性平均承担了家中31.4%的家务和育儿工作；2016年的比例则为37.2%——在做家务这一项上，数据的绝对值从每天35分钟增加到了52分钟。[29]母亲们每天平均要花5.12小时与孩子相处,父亲们的平均时长则只有2.19小时。[30]尽管越来越多的男性表示他们想要花时间陪伴子女并参与到家务劳动中来,但从数据上看,这样的观念转变幅度还很有限。"嘴上开放,行动僵化。"社会学家乌尔里希·贝克这样形容年轻父亲们的问题。[31]令人沮丧的是,这个精辟的说法是贝克在1986年提出的。

> 我的错误在于,我一直以来都想继续按老样子生活,但这是根本不可能的。不知道为什么,我一直觉得孩子应该是在我生活的背景里被养大的,等他们长大了,我就可以带他们去做那些很酷的事情。
>
> ——德扬,32岁,社工
> 米拉(1岁)和尤斯图斯(8岁)的父亲

义愤填膺地看着这些波动曲线与研究结果是一码事,但当你把它们叠加在自己的人生与日常生活上,你就会意识到,自己也不过是这一片混乱中的一个数据点。统计学与现实生活之间的落差会让你感到震撼,而这又是另一码事。"在家里第一个孩子出生之前,我们在收入和家务劳动方面其实也没有真的实现男女平等,"社会学家莱娜·希普说,"但这时男性和女性每周的工作时间相差不多,都是将近40个小时。"根据社会经济专家组的数据,一旦孩子出生,女性的每周平均工作时间就会下降到10小时以下,而男性的工作时间甚至会略有增加,并在之后的几年中稳定在40小时左右,仿佛他们的日常生活几乎完全没有受到这一重大事件的影响。与之相比，即便到了第一个孩子出生五年之后，女性的每周工作时间依然是10小时左右。[32] 所谓的"性别照料差距"衡量的是男性与女性在参与家务劳动和抚养子女方面的差异，34岁年龄组的差距最大，女性为男性的2.11倍：女性平均每天要从事5小时18分钟的照料工作，而男性从事照料工作的日平均时长仅为2小时31分钟。[33] 最为显著的不公平出现在30多岁这一年龄段，而这个年龄段正是确定工作发展方向、做出职业决定的时候。"这是一个辐射到生活各个领域的重大转折点，"希普在形容时特意选择了这样具有冲击力的字眼，"可以说是一种让人不可能从中恢复过来的冲击。"无论是哪张图表，无论图表的主题是每周工作时间、收入、照料工作，还是与孩子共处的时间，男性与女性的曲线都是分开的，犹如两条切线，在无穷远的某一点相交。

性别关系变革总是被人挂在嘴边，但现实几乎没有任何改变。根据《布里吉特》杂志2021年进行的一项研究，44%的父亲认为现在的劳动分工要比十年前更加公平，但只有39%的母亲同意这一观点。在1/3的男性眼中，"家务和育儿的组织执行"由双方"平等"承担，但持相同观点的女性只占总数的1/5。[34] 在另一项名为"职场妈妈"的研究中，不到1/3的母亲表示，尽管她们有伴侣，但她们经常感觉自己像单亲妈妈，甚至觉得孩子的父亲像"家里的另一个孩子"。[35] 一些社会学家甚至将女性的感受——特别是生完第一个孩子之后的感受——与经历过革命的社会相比，如"阿拉伯之春"后的埃及，本希望获得全新的自由与更多的公平，却很快发现旧体制再度夺权篡位，一切依然如故，如同一张政治性的捕猎网。"所有的革命都会从兴奋走向幻灭。"瓦茨拉夫·哈维尔在一篇随笔中这样温和地形容道,"这种消沉倾向或许无可避免,但在社会层面,随着新一代人的成长,人们终将克服这种倾向。"[36]

但我们愿意为了改变等上那么久吗?

> 在我看来,重要的是要让孩子在日常生活中怎么看待妈妈就怎么看待爸爸,不能说是爸爸只在晚上陪孩子玩一个小时,或者给孩子读本书。得让孩子感觉父母是平等的,没有什么事情是只有一方能干的。我认为真正的好父亲不应该是孩子眼里的"特殊角色",而是应该和母亲一样陪伴着孩子,向孩子播撒爱。
>
> ——凯,50岁,自由职业者
> 米卡(10岁)的父亲

我们自何处来

"当过去不再照亮未来,人心将在黑暗中徘徊。"亚历克西·德·托克维尔这样写道。[37]但要想看清形势,我们究竟要回溯多远?回溯到第二次世界大战后"波恩共和国"的年代,也就是今天生儿育女这代人的父母们成长起来的时期够不够?还是说我们得穿过20世纪初的战火硝烟,不断地回溯,越过一场场革命与战争,直达起源才行?"在文化诞生之前的时代……男性并不能自由获得他们所追求的性交。"迈克·施托韦罗克这样说道,她最近刚刚出版了一本书，题为《女性的选择：男性文明的开始与终结》。[38]在动物界，通常是雌性决定自己与哪些雄性繁衍后代。"为了获得性，"施托韦罗克说，"雄性必须表现自己：战斗、送礼物，或者把自己打扮得漂漂亮亮的。"[39]直到农业定居生活出现，初级文明得以建立，女性的这种权力才遭到了削弱。施托韦罗克称："怀孕和哺乳使女性无法像男性一样获得这些资源，而且男性很快便开始禁止她们这样做。从那时起，女性想要保持一定的地位便只剩下了一条出路：与男性结合。"尽管将来自动物界的观察结果直接套用到人类身上总会造成不小的问题，但这一假设依然很有说服力："时至今日，我们依然能看到女性在经济上难以独立，而这种现象是人为造成的。是男性人为造成的。"[40]

于是，一套社会秩序体系就这样形成了。在很长一段时间内，它无处不在，强大无比，以至到了今天，它既是社会现实，也是一种陈词滥调。哲学家迪特尔·托梅认为，"大家长"（Patriarch）一词被用在了三个方面上："顶层是天父上帝，下面一层是上帝授权的君主，再向下一层是家庭中的父亲，受到上帝与君主这另外两层的保护。"[41]近年来涌现出了无数以"父权制的终结"或是"父权制的末日"为题的论战文章，但人们有时往往不会想到，早在人们开始为妇女是否有投票权或是男人能不能用婴儿背带抱着孩子满大街跑而争论之前，男性的绝对统治地位就已经遭遇了威胁。早在17、18世纪，启蒙运动的哲学家与活动家就开始对父权制的权力结构进行抨击，并对父亲至高无上的地位提出了质疑。伊曼努尔·康德这样写道："父权制政府……迫使

第一章

其臣民如同未成年的孩子一样……被动行事，……这是可设想的最大的独裁主义。"[42]托梅认为，早在三百多年前，父权制便在"时代的风暴中摇摇欲坠，破烂不堪"[43]：上帝的形象日渐萎缩褪色，黯然消失，天堂突然间变得空空荡荡；国王在断头台上丢了脑袋，还有他那头扑了粉的卷发；而爸爸也变得不再万能。

法国大革命时期人们的通信中显示出了新的发展空间。举个例子：革命家雅克-皮埃尔·布里索，他生于1754年，于1793年被斩首，是三个孩子的父亲。在巴黎的一间沙龙中，他坦言自己羡慕"养育子女的母亲……我们这些不幸的父亲一心扑在自己的事业上，对我们的孩子而言，我们几乎一无是处"。布里索梦想着通过来自宇宙的电磁波（这是当年流行的一种神秘概念）与孩子们更加亲近，这样看来，他简直是那些靠打电话、发电子邮件、银行转账或其他电子媒介与家人保持联系的缺席父亲之先驱。尽管他的想法很荒谬，但我们应当认真对待这位失落父亲的孤独与迷茫。总的来说，布里索一家似乎是个很现代的家庭。在寄给妹妹的信中，布里索夫人写道："男人们远不了解感情的温柔"以及"如果父亲不能承担自己的责任，我认为女性是无法在没有家庭教师帮助的情况下完成对孩子的教育的"[44]。缺乏同理心、精神负担、劳动外包——现代性别之争的所有动机都凑齐了。

然而，生活在没有父亲的世界中并不仅仅会带来兴奋与自由——旧的法律与规则不再适用，不安全感和孤独感悄然而至。诗人让·保罗用一篇文章总结了这种情绪层面的混乱，文章标题更是震撼:《死去的基督自宇宙中发表演讲，称上帝并不存在》。

文中描绘了一个可怕的世界，在这个世界中，只能看到"水银一般星星点点的自我"，"它们闪烁、流动、游荡，合为一体，而后又分裂开来，无法得到统一与持续"。无论是来自化学的隐喻，还是一个不断碎片化的社会中自我的不断分裂所带来的烦恼，都让这些文句听起来像是21世纪的产物。而基督大声疾呼："我和你们一样，我们都是孤儿，我们都没有父亲。"[45]

现在可能有人要问了：如果真如托梅所说，父权早在几个世纪之前就已经被推下了神坛，那为什么现在的男人家务做得还是这么少？一方面，从启蒙运动时期到后现代时期，人类的发展走的并不是一条笔直的道路，每一次运动都会遭遇反对的声音，混乱中也会诞生新的结构。或许一家之主不再以铁腕与绝对优势在家庭和社会中占据统治地位，但在这么多次性别革命之后，他依旧有门路让自己继续安坐在宝座之上。18世纪不仅是革命的高峰时期，也是一个人们开始走出家门，进入手工作坊和初期工厂工作的时代。资产阶级社会和与之紧密关联的家庭模式也在这一时期开始得到确立。在此之前，决定一个人社会地位的是阶级，例如是贵族、神职人员，还是平民，而现在更重要的是性别。与之相伴而来的，是人们区分出了公共的"男性"世界与私人的"女性"世界。越来越多的女性被排除在工作领域之外，人们期望她们投身于家务劳动与母职。在罗伯特·舒曼创作于19世纪的一组声乐套曲中，歌词这样写道："只有母亲才知道何为爱与幸福。哦，那感受不到母亲幸福的男人啊，我真为他感到惋惜！"

新瓶装旧酒

当联邦家庭事务部于2007年推出新版育儿津贴[1]时，这些专门研究家庭、老年、妇女、儿童和其他非二十五岁至五十五岁壮年男性标准人口群体[2]的专家面临着一项艰巨的任务：如何让人们意识到，以一种与此前四十个世纪都不同的方式安排家庭事务不仅没有问题，而且相当明智，还能让人们觉得这样做非常"自然"？该部的宣传部门决定在全国各地张贴海报，海报上印着一个怀胎九月圆滚滚的孕肚，肚子上摆着一双婴儿鞋，下方写着标语："妈妈教我爬行，爸爸教我走路。"爸爸妈妈通过团队合作，帮助孩子学会在这世上行走——其实是个不错的寓意。然而，任何熟悉幼儿发育生理学的人都会立即注意到一点：这种伪平等主义的安排意味着明确的任务分工：在孩子出生后的头十个月到十二个月里，孩子由母亲照顾，然后才需要父亲不时地看看孩子。因此，这一革命性的政治措施下暗藏着反动的潜台词。"只消看看育儿津贴的数额，你就会不由自主地发现，这一指导方针几乎得到了完完全全的贯彻执行。"德国经济研究所的卡塔琳

---

[1] 2007年，德国联邦家庭事务部推出了新版育儿津贴，以取代1986年起推行的旧版育儿津贴。旧版育儿津贴金额及发放时长固定，且只对每周工作时长不超过30小时的父母发放。根据新版育儿津贴的规定，子女出生后，在家照看孩子、暂时不工作的父母（一方）每月可获得其税后收入65%的津贴补助，最低不少于300欧元，最高不超过1800欧元；对于低收入的家庭，父母甚至可以获得等同于100%税后收入的津贴。父母双方总共可领取14个月的津贴，其中一方不超过12个月，旨在鼓励父亲积极参与育儿。
[2] 德国联邦家庭事务部的全称为"德国联邦家庭、老年、妇女和青年部"，此处的长串列举是对这一全称的戏仿。

娜·弗勒利希教授说,"母亲在孩子出生的头一年负责照顾孩子,而父亲则时不时地加入进来。"

当然,有些情况也有所改善:2007年以前,"育儿假"(Elternzeit)还叫"养育假"(Erziehungszeit)①,每月育儿津贴的上限为450欧元,当年领取育儿津贴的男性仅占总数的3%。[46] 育儿假与育儿津贴改革旨在提高母亲的就业率与父亲的家庭生活参与度,但改革本身却争议不断。时任基督教社会联盟议会党团主席彼得·拉姆绍尔将之称作毫无必要的"尿布实习期"。[47] 目前,如果父母双方都领取这一津贴,津贴金额最高可达到净收入的65%(收入极低者的津贴金额甚至可以达到净收入的100%),外加两个月的额外津贴。[48] 以2020年为例:这一年中,德国约有190万人领取了育儿津贴;总体而言,父亲领取的育儿津贴月份数占总申请数的24.8%;2019年,这一数字为24.4%;而2015年则仅为20.9%。[49] 2016年,98%的母亲领取了育儿津贴,但领取津贴的父亲只有不到40%。[50](想进一步了解父母如何规划生活这一主题,请参阅本书第五章"我们俩就是这么说好的"。)大多数父亲会在孩子出生后的第一年与母亲一起领取育儿津贴,因此,他们并不是孩子的唯一主要抚养人。

百分之几的变化就能让我们心满意足吗?我们要如何提高男性育儿时间所占的比例?育儿津贴是否应该延长至24个月?津贴金额是否应该增加?还是应该让立法机构规定谁可以领取多少育儿津贴?(关于这个话题,请参见本书结语。)以冰岛为例,父母

---

① "Elternzeit"字面意思为"父母假",强调"父母双方";"Erziehungszeit"字面意思为"养育假"。

们可以获得金额等同于其平均收入80%的津贴，9个月的育儿假中有3个月为母亲专用，3个月归父亲专属，剩下3个月则可以由双方自由分配。结果呢？97%的冰岛父亲都休育儿假。[51]

> 人们对生孩子总有一种浪漫的想象。但生孩子并不仅仅是带着孩子在鲜花盛开的草坪上奔跑，也并不总是轻松愉快的。人们总是说，孩子不能挽救一段感情，我现在可算明白了。要想一起担起育儿、家庭与工作的重任，夫妻双方必须有坚实的基础。因为要孩子非但不会让夫妻关系变得更轻松，反而会让它变得更具有挑战性。
>
> ——莫里斯，45岁，公务员
> 两个男孩（一个5岁、一个8岁）的父亲

童年的段落

直到看到这些数据和统计结果，人们可能才会意识到政策规定对私人生活有多大的影响，而且比起现行的规章，对我们影响更大的或许是过去的法律。1977年，也就是我出生的那一年，德国首次对婚姻和家庭法进行了大幅改革。在此之前，丈夫甚至有权解除妻子的劳动关系。我的父亲从没这么做过，但他也没必要这样做，因为对我的母亲而言，中断在一家电气工程企业集团担任秘书的工作并回归家庭、照看孩子是理所应当的选择。她说自己很喜欢在那里工作，因为她很享受办公室里的气氛，喜欢咔嗒作响的

"奥林匹亚"牌打字机和电话听筒里的嘈杂声音。但她也很喜欢和孩子们共度的时光，她急忙补充说，似乎是怕我觉得良心不安。

1978年，我的父母搬进了慕尼黑郊区的一栋平房，五间房间，一百多平方米，甚至还有一个小花园，小花园里种着一棵李子树。城郊的新住宅区里坐落着几十幢布局别无二致的房子，住在这里的家庭都有一到三个孩子、有着极为相似的目标，也面对着极为相似的问题。事实上，我的母亲除了放弃事业，别无选择。

买下这幢房子和那辆大众帕萨特轿车的贷款利息总要有人还。我的父亲有工商管理学位，还在银行的管理岗位就职，薪水自然要比我母亲高得多。我的父母当年也没有育儿假或是要求日托服务的权利——直到1986年，联邦政府才通过了一部所谓的《联邦育儿假法》，根据这部法律，父母可以休最长十个月的育儿假，每月可以领取600马克的津贴。我直到五岁才上幼儿园，为迎接离开核心家庭生活后的社会冲击做好准备。上幼儿园这事儿也不是理所应当的。直到1993年，德国才通过了一项法律，规定儿童自三岁起就有权上幼儿园——那会儿，我都上九年级了。在我的记忆中，邻居家的母亲们没有人会大半天时间都不在家。尽管如此，我的确度过了非常美好的童年，我家不远处就是田地，冬天还会下很大的雪。到了晚上，附近的地铁站里会涌出从城里下班归来的父亲们。一家人一起吃晚饭，读读书，看看《犯罪现场》或是维姆·特尔克主持的电视节目。十个小时之后，同样的一天又从头来过。

我们家的分工情况其实很传统：我全职工作，我的妻子在家辛苦操持家务——这一点我是知道的。但我觉得我们的家务劳动——也就是带孩子的时间——还是分配得挺好的。举个例子，为了让妻子多睡一会儿，我早上会和儿子一起早起，要么带他出门，要么在他房间里陪他玩。这对我而言都是很珍贵的体验。

——扬，30岁，视频制作人

一个1岁男孩的父亲

尽管这一切听着都很有年代感，但正如尤塔·阿尔门丁格书中所写，德国的税收制度结构和福利国家结构沿袭的依旧是"以男性为主要养家糊口者的模式"。"母亲属于她们的孩子，要抚养孩子长大，操持家务，让男性不必操心。"[52] 我们在日常生活中就能看出，这些基础结构层面的变化是多么微乎其微。比如税务顾问会打听您的妻子工资多少："您懂的，这是为了夫妻税制嘛。"时间一下子回到了我的童年时代：夫妻双方工资相差很大时，减税额度是最高的。今天的医疗保险依然会为投保人的无业配偶提供免费保险：这听起来不错，但这样其实是在奖励女性不工作的夫妻，因为如果女性工作，她们就得自行投保，于是她们从自己工作中获得的额外收入似乎也没那么多了。政府应当采取手段，反对这种荒谬的现象，但这并不容易。家庭经济学家卡塔琳娜·弗勒利希对首都发生的政治斗争了如指掌，她认为："所有政党都害怕从选民手中拿走一些东西。"

我第一次填写共同税务申报单时，我不仅感觉自己终于是个成年人了，而且还觉得有一丝浪漫——这官僚主义操作简直有如第二次结婚宣誓。但这句"我愿意"不仅意味着你接受了你的伴侣，更意味着你接受了一种传统的生活方式。因为这个时候，你会忽然开始盘算：真的有必要让妻子给家里再添一笔收入吗？我们的手头会更宽裕吗？答案往往是否定的，于是人们继续走在这条老路上。

> 我们并不会刻意地互相扯平。当然了，有时我俩中会有一个人说："嘿，我感觉最近这阵子我做的事情越来越多了，你之后能稍微注意下吗？"但感觉并不一定真实地反映现实。重要的是要进行沟通：你对象也许最近工作压力很大，这是会让人忽略一些事情的。
>
> ——弗洛里安，39岁，教练兼播客创作者
> 一个5岁孩子的父亲

精神负担

12月的一个晚上，我去我们家小孩的幼儿园开家长会。班上有22个小朋友，到场家长共26位，60%以上都是女性，发言的家长里更是有90%都是女性。全是双职工学者家庭，真是同质化得不得了。尽管如此，卡斯滕老师依然说："我只能建议各位把孩子的名字熨到衣服上，这样会比较好找，也方便各位的丈夫认出自家孩子的衣服。"我明明在场，却没人注意到我，这不光不礼貌，而且也相当不公平吧？

我的第一反应：我可认得自家孩子的衣服！

我的第二反应：其实吧，我还是会每隔一次就检查一遍熨在

──第一章

孩子衣服上的姓名签的——当然了，负责熨姓名签的是我妻子。

我的第三反应：虽然……但是，我上周还是拿了别家小孩的冲锋衣回家。妈的。

这次家长会让我收获颇丰：我听到了我女儿和她好朋友之间令人心头一热的温馨日常趣事；拿到了整整一文件夹我女儿的艺术作品；要到了另外两位家长的电话号码，方便日后相约某个下午一起出来玩；除此之外，也收获了一丝怀疑：我也许并不像我自我洗脑的那样，一切尽在掌握。我突然想起，有些日常生活中的家务琐事被我理所应当地"外包"给了我的妻子：比如捏着我女儿的小手剪指甲（毕竟她是外科医生，手可比我稳）；比如擦窗户（我比她能将就，我就是不觉得脏）；比如协调孩子们的生日派对，准备生日礼物（这我真的不知道为什么了，我其实挺喜欢逛玩具店的）。这么多大大小小的事情都不用我来操心，因为我媳妇已经都想到了，对吧？

> 有些时候我也会问自己，我究竟是怎么了。在和我第一任妻子离婚之后的好几年里，我一直在一个人操持家务，照顾我俩生的儿子，他当时跟我一起生活。孩子的母亲在国外又组建了新的家庭，我俩也一直处得挺好。后来我又谈了恋爱，现在有了新的对象。只要她来我们家，她一进门就会先打扫卫生，而我竟然觉得这样挺好的，就像开了自动驾驶模式，家里有女人来管，我就可以放松了。
>
> ——弗朗茨，45岁，理疗师
> 崔西（14岁）的父亲

"要想让家庭生活或夫妻生活顺利运转,"帕特里夏·卡玛拉塔这样写道,"除了日常生活中看得到的任务之外,还必须考虑到很多看不到的事项……并且完成它们。"这位来自柏林的信息技术顾问兼作家成功在德国推广了"精神负担"这一概念。在一篇博客文章[53]中,她用一个简单的场景展示了这种思维层面的劳动:"有人请我家孩子参加生日派对"。听着不怎么复杂,两三个小时的事儿,但在卡玛拉塔看来,这件事会涉及以下计划步骤:

- 小寿星住在哪里?
- 小寿星家长的联系方式是什么?
- 收到邀请的孩子怎么过去?
- 如果是小寿星的家长直接把收到邀请的孩子从幼儿园接走,是不是需要开委托书?
- 委托书由谁来写,谁负责到时候把委托书放进家长手册里?
- 小寿星想要什么礼物?
- 可以送什么礼物?
- 礼物要去哪儿买?
- 家里什么时候有人有空去买礼物?
- 谁来包装礼物?
- 家里还有包装纸吗?
- 收到邀请的孩子结束后怎么回家?
- 有没有什么之前做好的安排因为时间冲突而必须取消?
- 接送孩子会不会和其他必须完成的事情(带家里其他小孩出门办事、工作上必须完成的事情)相冲突?

第一章

- 聚会耽搁的家庭作业是不是需要补做?
- ……

我敢肯定,许多男性在看到这一长串问题时,第一反应是发出嘲讽的感慨:"真是简单问题复杂化。"但与此同时,我必须说,我自己在碰到这种事情时,脑子里也不会一下子把这些问题都考虑到。而实际上,重要的并不是固执的按部就班。帕特里夏·卡玛拉塔认为,真正的负担来自对一切都要负责的感受。精神劳动的弊端在于它会混杂在你日常的意识流中悄然进行,既没有明确的开始,也不能说停就停;事实上,到了一天结束的时候,人们躺在床上,不再需要对外界的刺激(孩子的笑声、同事的要求、下一个待办事项)做出回应,身边的黑暗中万籁俱寂,这正是精神负担的高发时段。

正因如此,关于这一主题的研究很少。在为数不多的相关研究中,哈佛大学的社会学家艾莉森·达明格尔于2019年就所谓的"认知家务"采访了三十五对异性恋夫妇。尽管大多数受访者在采访中表示,家中的大部分家务由女性承担,但他们并不认为有很明确的分工安排存在。相反,男性在访谈中称赞他们的伴侣有"项目经理的素质",或者干脆承认,她们就是对家务情况"更了解"。达明格尔指出,认知家务分为四个阶段:预测需求、确定选项、做出选择、监测结果。她的研究发现,大部分预测需求和确定选项的工作都是母亲在承担,"只有在决策阶段,也就是与权力和影响力关系最密切的认知部分,男女的参与程度才大致相当"。[54]

然而,让研究人员最为惊讶的是:这种不平等的工作分配似乎并没有导致夫妻间的冲突。因此，在后续研究中，这位来自哈佛大学的社会学家将调查的重点放到了人们用哪些论据来解释这一令人不快的现实上。无论受访者是男是女，他们都认为认知家务的分配之所以不平等，可能是因为伴侣一方工作时间特殊，也可能是因为女性"天生就喜欢讲条理"——研究的参与者更愿意谈论个人性格特征或是生活环境，而不去考虑人们常常讨论的性别之争造成的影响。[55]

> 我陪女儿上过婴儿游泳班，带她去医院做过儿童体检，幼儿园的入园适应期也是我在陪她，可以说我接手了不少通常由妈妈们负责的工作。不过我妻子放手让我去做，这也帮了我大忙。而且我非常想做这些事情，我并不觉得它们是我非做不可的职责，对我而言，直到今天，我和女儿一起度过的每一分钟都无比美好。
>
> ——凯，50岁，自由职业者
> 米卡（10岁）的父亲

社会学家科尔内利娅·科佩奇曾经发表过一项题为"当男人不再养家糊口"的研究，当她在采访中询问夫妻们的劳动分工情况时，"他们会自豪地说是对半分"。她这样告诉《南德意志报》。但随着她的追问不断深入，这样的错觉越发站不住脚。[56]研究表明，往往遵循传统角色分工模式的恰恰是富裕且教育水平高的家庭。"尽管这些人在理论层面上极其了解性别平等，"社会学家凯-奥拉夫·迈瓦尔德说，"但他们在生活中却并没有付诸实践。"这是为什么呢?"这通常与伴侣中有一方坚定地追求自我实现有关……而双方都决定对这一点闭口不谈。"[57]

尽管各项调查研究中的受访夫妻都表示,他们能平等地做出决定,但这些决定往往更倾向于满足男性的需求与目标,而非照顾女性的需求与目标。社会科学研究者将这种夫妻关系——我自己的也是如此——称作"性别遗产夫妻"。"意识形态和社会期望的变化速度超过了家中现实的改变速度。"美国心理学家达西·洛克曼在她的著作《所有的愤怒》中这样写道。比起质疑自己所扮演的角色,人们更乐意就现代的性别角色分配夸夸其谈——这就像某些人支持保护环境,却依然坐飞机出差一样。"平等的语言——对尽职尽责的现代父亲的信仰——创造了一个神话,而这个神话正是这些婚姻关系的核心理念。"洛克曼这样写道,"这掩盖了女性处于从属地位的事实,而这个事实是很多21世纪的现代家庭所无法忍受的。人们会预设计划和安排就该是母亲的责任,除非她采取其他措施。"[58]

> 自打我儿子出生后,我学到的新东西前所未有地多。在过去的六年里,我的人格也成熟了,这是我此前未曾设想过的,而推动我人格发展的巨大动力正是我的孩子。对我而言,一个好父亲应当随时做好应有的付出,而且要真正努力地改变自己,和孩子一起成长。
>
> ——西蒙,39岁,求职中
> 亨利(6岁)的父亲

战略式无能

实验心理学在很多实验中，对男性的经典借口——如"我妻子就是比我爱干净"或者"我本来想换灯泡来着，但她手太快了"——进行了测试。例如，在2019年进行的一项研究中，研究人员要求六百多名被试按照整洁程度对房间图片进行打分。这算是创造性的乱中有序，还是已经乱得不成样子？是现在必须收拾不可，还是等到明天也行？研究人员称，受访者的回答并没有表明"男性被试与女性被试对房间的凌乱程度或整理房间的紧迫性有不同看法"。所以说，男性能注意到家里该吸尘了，他们只是不觉得这事儿归他们管。当被试要对房间中虚构出的居住者进行评价时，一个明显的差异出现了：当被试得知整洁的房间里住着一位女性时，他们就会觉得这个房间不够整洁，对房间的印象要比假设居住者是男性时更差。[59] 在卫生整洁方面，人们对女性的要求更高，为了避免遭受社会惩罚，许多女性学会了遵守这些高要求。"女性并不是生来就更擅长计划、组织或者多线程工作，只是人们希望她多这么做，于是她们熟能生巧，变得擅长起来了。"《母职情结》一书的作者梅丽莎·霍根布姆也这样写道。[60]

当然，确实有些家务超出了我的技能极限：即便我在视频网站上看了一堆教程，我缝在衬衫上的纽扣的半衰期依然比放射性核素碘-131的半衰期（八天，大家都知道吧）还短，衣服上的裂口我更是碰都不敢碰。尽管如此，我依然意识到了一个相当具有讽刺性的事实：许多自称不会操持家务的男人在日常工作中往往都在解决非常复杂的问题。缜密、自发性、创造性——这些让人在21世纪的知识社会中取得成功的技能与美德，似乎一离开工作岗位就消失得无影无踪。早在20世纪90年代，法国社会学家让-克劳德·考夫曼就在他的开创性研究"脏衣服"中指出，男性会利用一种"战略式无能"来逃避熨衣服和缝衣服之类的工作。"男人爱忘事。也许有人觉得这无伤大雅，"洛克曼写道，"但他们的选择性注意清楚地表明，他们不能被打扰，这些事情必须交给别人干。"[61] 考夫曼也这样判断："这种遗忘不是记忆力有问题，而是内驱力不足的产物。"[62]

精神负担测试

我在网上找到了一份由作家约翰娜·吕克设计的精神负担自测表。[63] 她在一张A4纸上分四栏列出了家庭生活中会出现的几十项任务，然后让人根据完成频率打分。这张表的重点并不是要给家务高分选手颁奖，而是要让精神层面的家务可视化，从而让人们能够公开讨论这个话题。测试之前，我还是有点紧张的：我的表现到底如何？在第一栏"日常任务"中，我表现很好，打了很多钩：洗衣服，过！做饭，过！给孩子们穿衣服，过！形势一片大好啊，我这样想着，感觉越发自信了。安排孩子们相约出去玩，呃，没怎么干过。剪指甲，我不敢。擦窗户，不干！补充购买清洁用品……家里不是一直缺这玩意儿吗？在这场满分200分的测试里，我最后拿了127分，而我的妻子轻轻松松超过了我——154分。做这项测试不是为了看自己通过与否，也不是为了拿个铜制或金制的"精神负担勋章"，而是要将照料工作量化，让它能够像有偿劳动一样得到重视，并被纳入计算公式。有趣的是，我发现，在做完测试之后，我俩并没有爆发争执，争论为什么有些事我**从来没干过**、有些事我却**死性不改**，我们反而心情很好：我们其实做得都还不错嘛。"我有时确实会很恼火，为什么老公又不把洗好的餐具从洗碗机里拿出来，但看了看清单，我发现他其他事情做得挺多的。"我妻子如是说。因此，让精神家务可视化并不一定会让人良心不安，反而会促进认可（想了解更多相关内容，请参见本书结语"你得改变你的生活！"）。

肤浅地观察一下数据和研究结果，再结合一下我的自测情况，可以得出这样的论点：到了2021年，作为家庭经济支柱兼一家之主的父亲依旧稳稳地坐在他的沙发上，因为家务配不上他，因为他没时间做家务，毕竟他得坐在安乐椅上读报纸，或者和生意伙伴一起打高尔夫球。但事实真相其实要无趣得多，对于男性而言，可能也尴尬得多。"职场妈妈"这项研究有一个有趣的发现：69%的受访女性认为自己是一家之主，因为她们同时接受并担当起了"慈母"与"职场人"这两个角色。[64]但在让-克劳德·考夫曼看来，男性的情况则有所不同：也许他们在理论层面接受了公平的任务分工，但他们的"内驱力"远远不够。考夫曼将男性称作女性手下"有负罪感的坏学生"。[65]当我意识到自己没有完全达到自我标准，做一个积极参与、始终在场的爸爸时，我的第一反应是找我妻子请教，问问她在管理孩子衣服之类的事情上是怎么做的。但这不过是在她的待办清单上又加了一项而已。再说了：为什么我非得要别人教才能做？这些事情不该是我自己会做/想做/能做的吗？

"父亲们往往都是很好的二把手,"瑞士性别研究学者弗兰齐斯卡·舒茨巴赫这样写道,"但很多父亲都没有做好真正坐进驾驶舱的准备。"[66]"你不过是个逃避责任、不敢掌舵的二把手而已。"真男人听得了这种话吗?

一张图胜过 14 583 个字

在过去的几年中,很多事情发生了变化,但也有很多事情依然如故。为什么会这样呢?

举目无亲

"您在哪里见到过公平分担家务劳动的榜样?"有一项调查试图了解父亲们对这一问题的看法,约40%的父亲从没见过这样的榜样。[16]

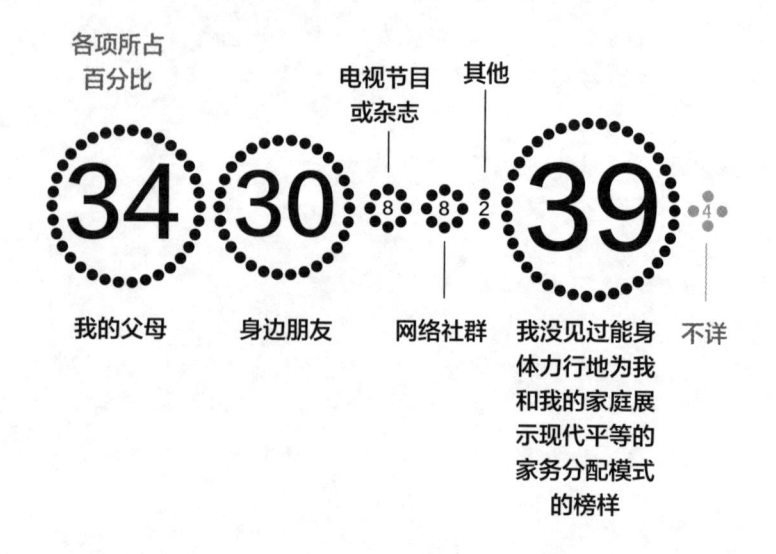

各项所占百分比

- **34** 我的父母
- **30** 身边朋友
- **8** 电视节目或杂志
- **8** 网络社群
- **2** 其他
- **39** 我没见过能身体力行地为我和我的家庭展示现代平等的家务分配模式的榜样
- **4** 不详

爸爸,你有空吗?

德国家长每天和他们(未满16岁)的孩子们共处时长。[30]

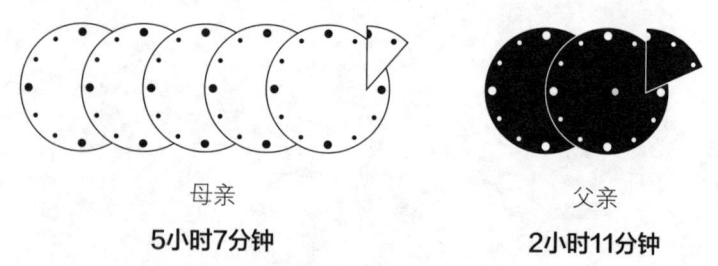

母亲
5小时7分钟

父亲
2小时11分钟

原罪

下表展示了男性与女性在第一个孩子出生前后每周工作时长的变化。[32]

第二章

"她就是比我更擅长这个"

进化—身体—行动决定存在

网站 selana-shop.com 销售优质童装，但它真正的主营业务是让顾客体验到身为优质父母的感觉。这家瑞士有机品牌提供有机美利奴羊毛和有机丝绸制成的婴儿连脚裤、睡袋和套头毛衣，衣服上的纽扣由珍珠母制成，颜色要么非常淡雅，要么直接是"自然原色"。衣服上几乎没有任何图案，也不含任何有害物质和塑料成分。网站上的婴儿模特们看起来如同一个幸福的狩猎采集部落的后代，与大自然和谐共处，尽管他们依然有儿科医生、新能源汽车和照片墙（Instagram）滤镜。一种返璞归真的完美状态正在未来的某个地方等待着我们。

我给二女儿买了一条74码的蓝裤子，我的账户上多了30点忠诚度积分，或者说爱心积分，我感觉很好。晚上，我带着一丝得意，告诉我妻子这笔交易，她说："哎，咱家老大的那条同款裤子我还留着呢，灰色的。"

我怎么能把这事儿给忘了呢？ 8个月大的小家伙穿着那条灰色羊毛裤在地板上爬行，用一种我听不懂的语言发表激动人心的演讲——这视频我还时不时从手机里翻出来看看呢。在婴儿服装方面，我的妻子真是天赋异禀，在我注意到连裤袜四周后就要穿不下之前，她早已解决了问题。她会把太小的衣服拿去换给其他宝妈，或者装进真空袋里用吸尘器压缩好，以防这如梦似幻的羊毛和丝绸被虫蛀坏。能把一切都打理得如此妥当，她靠的肯定是一张方圆十公里内的所有母亲都能访问的云共享Excel表——我想不到其他解释了。整个过程有一种近乎工业化的完美，但同时又充满了母爱。她究竟是怎么做到的？

关于身体和价值观

说到养育孩子，我有些时候感觉自己像个足球运动员，但对面是佩普·瓜迪奥拉执教的球队。寡不敌众，永远慢人一步，我也许在身体上训练有素、在比赛时全力以赴，但我的系统就是更差劲儿一些。孩子哭了，我从床上一跃而起，可妻子早就到走廊里了。很多人从这种经验与逸事中得出结论，认为女性生来就应当做母亲，或者在生理层面有某种超能力。这种观点乍听起来可能很老套，但在社会上却广为流传。Statista统计公司对父母进行的一项调查结果显示，尽管71%的受访者认为"父母应平等分担抚养照顾孩子的工作"，但48%的受访者同意女性"天生比男性更擅长和婴儿打交道"。还有一个有趣的细节：在18—25岁这一年龄段的人群中，只有38%的人认为女性具有这种生理优势，但在31—35岁（这也是人初次生育的平均年龄）的人群中，持这一观点的人数比例却达到了52%。[67]我们几乎可以说，第一个孩子的出生不仅导致了夫妻关系中性别角色分配的再传统化，也引发

第二章

了世界观的显著转变。什么是天性？我的身体能做什么？我到底是谁？

> 为了要孩子，我们尝试了很久很久，经历了很多挫折。到了最后，我们不得不花上一大笔钱，接受了很多次医学治疗。后来，我们终于怀上了孩子，当然，一开始还是比较收敛的。但不知从什么时候开始，我们像是跨过了一道门槛，全身心地投入其中。我们会隔着肚皮跟孩子说话，给孩子唱歌，感受胎动。当孩子的小脚或是屁股隔着肚皮凸起时，即便身为男人，我也能感受到孩子的存在，而且很想给对方一些回应。这种感觉非常强烈。
>
> ——莫里斯，45岁，公务员
> 两个男孩（一个5岁、一个8岁）的父亲

孕妇经历的生理变化，例如孕吐或又称"孕傻"的健忘，已经成了一种刻板印象，不仅反复在情景喜剧里被引用，还被人做成了梗图，在网上百万次地分享传播："我也曾拥有正常的脑细胞，但我拿它们换了孩子。"这就是当妈妈这件事在流行文化中的形象。长期以来，内分泌学家和神经学家对这些生理变化进行了大量的科学研究。举个例子：巴塞罗那自治大学的一组研究人员与荷兰莱顿大学合作，于2016年在专业期刊《自然-神经科学》上发表了一篇论文。在这篇屡次被引用的论文中，研究人员表示，"怀孕会导致人类大脑结构发生持久的变化"[68]。由神经科学家埃尔塞琳·胡克泽玛带领的研究团队利用核磁共振成像扫描仪

检查了初孕女性的大脑。分娩几个月后,他们再次拍摄了这些女性的脑结构,并观察其变化。莱顿大学称,研究结果表明,"怀孕期间,大脑的解剖结构出现了明显且非常一致的变化",例如所谓"灰质"的体积出现了减少,尤其是在负责社会感知的脑区中,这种体积的减少格外明显。研究人员将这一结果与未怀孕妇女以及包括已为人父的男性的核磁共振扫描结果进行了对比,上述各对照组的大脑结构都没有出现这种变化。后续研究表明,这种结构变化至少要持续到婴儿出生后两年。单单根据这一变化,计算机算法就能判断出一名妇女是否怀孕过。[69]

不管灰质还是白质,脑质量损失这事儿乍一听来都很吓人,但根据研究人员的说法,这一过程并不一定会导致认知能力的下降,恰恰相反,这种变化反而可能会提高识别和回应他人需求与感受的能力——这里的"他人"可以是无法用语言表达自己的可爱小宝宝。胡克泽玛告诉《纽约时报》科学版,引发这种变化的似乎并不是压力或是某方面的缺乏,而是一种"大脑的重塑过程",是大脑为了适应日后的任务而进行的"成熟化与专门化"。婴儿出生六个月后,被试们填写了一份调查问卷,用所谓的"母亲产后依恋量表"来评估她们与新生儿之间的关系:这张量表询问了各位母亲与婴儿之间的情感纽带有多强,是否感受过喜悦或敌意等情绪。胡克泽玛博士说,母亲灰质体积的变化幅度可以预示母亲所感知到的亲子关系质量。[70] 另一篇有关这一主题的文章引用了不列颠哥伦比亚大学的辛迪·巴尔哈的观点:尽管很多女性试图通过节食、普拉提和自律锻炼让身体恢复到"往日状态",但至少对于大脑而言,这是不可能的。但这是件好事:"大脑只是进一步发展了。"大脑进一步发展带来了一定的好处：母亲们能够更好地在压力环境下保持冷静和集中注意力，理解新生儿各种哭声的不同含义；在面对潜在的危险时，她们的警觉性也有所提高。[71]但有一个问题，学界始终没能给出解答：准妈妈的感知与行为之所以发生变化，是因为她们的大脑被"重建"了，还是因为她们的大脑由于适应了女性的生活环境和优先事项而发生了改变？想必研究者的初衷并非是证明婴幼儿最好交由母亲抚养，毕竟，如果要用生理原因来解释伴侣关系中的任务分配这一社会现象，那言下之意就是："这事儿改不了！"

> 对我而言，怀孕那段时间非常不真实。如果你是女性，你也许会经历一些时刻。比如孩子在肚子里踢你，从而让你意识到，怀孕这件事是真实发生的。但作为男人，你只能坐在一边。自然，你能看见她的肚子一天比一天圆，但这时候你和这件事还没有建立起真正的联系，还能溜出去找朋友喝个小酒。当然啦，孕妇是不能这样做的。所以我那段时间还是有一些正常生活的。
>
> ——扬，30岁，视频制作人
> 一个1岁男孩的父亲

放大镜外的生活

嗒——嗒——嗒——嘀嘀嘀嘀嘀——嗒——嗒——嗒——嘀嘀嘀嘀嘀……然后突然一片寂静。怎么了？一切都还好吗？我的心跳立刻开始加速。但很快，胎心监护仪又重新开始了工作，针头上上下下，沙沙作响，展示着我们尚未出生的女儿的心脏正以每分钟120到150次的频率跳动着。一切正常。我们已经在妇科诊室的这个小角落里坐了30分钟，等着医生从我妻子几乎没有隆起的孕肚上解下那条带有两个传感器的橡胶带。其实，这本该是个神圣的时刻，我们两口子不仅能看一看孩子目前的发育状况，还能讨论一下我们将来的人生会是什么样子。但现实很残酷：电话铃声和有关预约就诊的对话不断闯入我们的耳朵，将我们与诊所的繁忙日常隔开的只有一道透明的帘子。我们幸福的小气泡随时可能破裂。于是，我们静静地听着胎心监护仪的声音，打量着旁边挂着的新生儿卡片，这些卡片属于诊疗团队在过去几个月中接生的孩子们。显然，医疗保险规定每家妇科诊所都得把这些卡片挂在胎心监护仪旁边。这样一来，准父母们就可以提前开始给孩子挑名字——米娅、莱昂、埃利亚斯、卡拉——同时，他们也不会忘记这一切的目的所在：生活要发生天翻地覆的变化了！如果有人倾向于戏剧化的表达，那我们可以将胎心监护仪比作地震仪上预示地震到来的颤动指针：大地震要来了。为了观察孕妇体内的情况、了解生命的奇迹，现代科学已经发展出了许多设备：从胎心监护仪和血液检查，到分辨率惊人的超声波检查，再到上文提到的大脑核磁共振扫描。一旦妇女正式被确认为怀孕，一套机器般的精确流程就会正式启动，人们会给她定下一系列特殊节点、筛查项目以及待办事项清单，甚至还会给她发上一本妈妈护照——简直像重新做人一样。

当然了，并没有爸爸护照这种东西。尽管时至今日，许多所谓的"不缺席父亲""现代父亲"或是"高参与度父亲"很多时候都会陪妻子做胎心监护和超声波检查,之后分娩时他们也同样在场,但他们总是只能待在产妇近旁,盯着屏幕或是检查结果。他们是观察者,而非参与者。在诊室里,许多男性会感觉自己似乎"压根儿不在场"。我也深有同感。这不仅仅是因为我孩子的母亲接受过医学教育,作为医生的她跟同事的交谈完全在另一个难度层次,而我并不一定总能跟得上她们的谈话进程。"哎,这个是股骨吗?""没错,已经长得很好了,然后这后面是坐骨和髂骨。""真漂亮!"

> 我妻子去上过分娩预备班,因为她很有兴趣,但我一次都没陪她去过。她读的书也比我多。这倒不是因为我故意想把这些事情推给她做,但我其实一直都很确定,等孩子出生后,我肯定能照顾好孩子,也能处理好生孩子和其他这些事情。因此,我当时的状态其实更像是满心欢喜、信心满满。
>
> ——斯特凡,44岁,音乐人
> 两个男孩(一个6岁、一个11岁)和一个女孩(9岁)的父亲

父亲的诞生

五十万年前,海德堡人面临着一个两难的选择。直立行走和与之相匹配的狭窄骨盆给了他们足够的行动能力,让他们能够跨过漫长的距离、穿过广阔的地域,而装着更大脑子的大脑袋则让他们能够制造工具、扩展新的生存空间——演化人类学家安

娜·马欣这样写道。然而,为了让婴儿的大脑袋顺利通过母亲较为狭窄的产道,海德堡人的婴儿不仅出生得更早,出生时的状态也更为虚弱。根据马欣的说法,在之前的几十万年里,智人属的母亲都是由氏族中的其他女性成员照顾的。"但到了距今五十万年前,智人的大脑再度飞跃式增大,因此雌性的力量就不够了。"马欣写道。因为,粗略地讲,孩子的大脑越大,孩子出生时的发育状况就越不完善。那么,谁来填补这照料工作中的空缺呢?她郑重其事地给出了答案:"父亲!他新学会了生火并将难以消化的植物做熟,通过这一新技能,他让孩子们吃上了固体食物,他的伴侣得以专心照料新生儿,而他则去狩猎……他扮演了老师的角色并且……发展出了复杂的社交技能,这让他能够顺利地与其他猎手合作。"[72]

听着真是个好男人啊。

当然,要研究清楚旧石器时代父母们的日常生活和社会行为几乎是不可能的,没有任何文物、洞穴壁画或是雕像能够告诉我们海德堡人的性别关系(已知最古老的雕像大约来自4万年前,雕的还是个胸部和外阴大得过分的女人[73])。考虑到当年没有人更新"妈咪博客",也没有"忧伤爸爸"出书,包括安娜·马欣在内的人类学家只能指出一个事实:考古发现证明,人类在这一时期首次开始使用狩猎长矛,火堆数量也出现了飞跃式的增长。[74]与此同时,我们还可以用数学公式计算出海德堡人或直立人的雌雄个体在生理层面的繁殖成本:一个生物要投入多少能量,才能将自己的基因传给下一代?在什么情况下,重新安排分工与群体合作才有利于这一生物的利益?[75]还有一个事实:在哺乳动

第二章

物中，只有5%的雄性参与了自己后代的喂养、照顾和保护工作（顺便说一句，在鸟类中，这个比例是90%）。在所有已知的猿类中，智人是唯一的超级父亲。如果这种行为变化没有好处，人们也不会选择它，这个论据很有说服力。

安娜·马欣的报告和论文有时听着像是一篇写给21世纪自我怀疑的过劳父亲们的励志演说，她对自己的假设做出了这样的精妙概括："这是一个鲜为人知的事实：父亲们拯救了人类。"[76]这话乍一听确实让人感觉很好——科学都证明了我们每个男人心中都藏着一个小小的布鲁斯·威利斯①呢！但与此同时，我们不禁要问：在现实生活中，我们面临的挑战不是猎杀猛犸，而是一边要列席重要的视频会议，一边要准时去幼儿园接孩子，火堆与狩猎长矛制作工坊跟这个又有什么关系呢？马欣认为，进化史告诉我们，"做父亲是与生俱来的本性……在进化过程中，人类的解剖结构、大脑、基因与激素都是为了成为父母而设计的。为人父母的本能和能力是存在的，只是需要我们额外留意它"[77]。

进化人类学和进化心理学的研究常常被用来让传统的性别角色模式显得顺理成章。因为在狩猎-采集模式中，获取肉类通常是男性的工作，所以会有人说，女性天生方向感差，车都停不好。但这个论点早已被推翻。因此，我有必要在这里明确一下，我之所以跑题讲起了进化论，并不是为了呼吁人们按照假定的石器时代社会结构调整自己的家庭任务分工，而只是为了证明做父亲是我们基因中的一部分。但这并不等于每个男人都自动成为投

---

① 布鲁斯·威利斯，以"硬汉"形象闻名的美国电影明星。

掷标枪的一把好手（抱歉啦）。将每一个人、每一个男人与那些曾在今天德国西南部的荒原上漫游的海德堡人联系在一起的并不是技能，而是一种动力，一种去照看自己的孩子与家人，去照顾他们、陪伴他们的动力。

我一生的事业

2016年秋天，我来到家乡一片毫无特色的郊区，走进一栋建于上世纪70年代的平房，然后在屋子里摆了一圈椅子。房间里有二十来个男人，年龄在二十五到五十岁不等，有人留着大胡子、有人谢顶秃了一半、有人戴着无框眼镜、有人头戴棒球帽、有人西装革履、有人满身文身，可谓是形形色色。唯一把我们团结在一起的是我们的命运。我们沉默着坐进塑料椅，不动声色地把椅子后挪十厘米，掏出智能手机，查看同一件非常重要的事情。但这一晚结束之后，我们却意想不到地熟络了起来。

几年来，汉堡的阿玛莉·西夫金医院一直在为准爸爸们开设培训班[78]，主任医师沃尔夫·吕特耶希望通过男人之间的对话，让准爸爸们为伴侣分娩做好心理准备，"毕竟分娩也算是一场小小的危机"。这位身高一米九的男士迟到了十分钟，他走进房间，抓过一张椅子坐下，问大家："各位想在这里学到什么？"

原来，与我共患难的兄弟们正在准备好迎接一场灾难：

"自从我哥哥在一次手术中去世以来，我就很害怕医院。我不希望我妻子也感受到这种恐惧。"

第二章

"我害怕要我决定保大还是保小。"

吕特耶是七个孩子的父亲,也是权威著作《相信顺产》的作者。他静静地听着,摸了摸自己极具特色的主任医师的下巴,迅速向前探身,然后开了口:"男性并不是分娩的主角,他最重要的任务是不要妨碍分娩。"许多指南和传统的产前预备课程都将男性形容成"分娩经理",指挥产妇呼吸、为各个产程准备不同的香薰蜡烛、随时准备好给产妇进行放松按摩。吕特耶说:"把工具箱留在家里,注意观察妻子和助产士之间的互动。"他说,在分娩过程中,大多数男性都会感到无助,觉得自己很多余。"但不要为了发挥作用而操之过急。"吕特耶警告说,"等妻子提出要求,或是她同意你帮忙,你再出手。"男性不习惯被动地站在一旁,总是想冲上去动手。"我没少把准爸爸们赶出产房,"吕特耶说,"分娩时女性已经够忙的了,没空管她们的老公。"

> 课程是在一所小学的体育馆里进行的——一共12对夫妻,他们叫什么我转头就给忘了。我当时很激动,心中有一种讽刺混合着恐慌的感觉。我妻子对这些呼吸练习一点都不感兴趣,但我倒是很乐意去。这课程给我们提供了一个很好的机会,可以让我们好好讨论一下之后的生活。
>
> ——海科,28岁,机电一体化工程师
> 米克(6岁)的父亲

如今的准爸爸培训班生逢其时。早在21世纪初,沃尔夫·吕特耶就开过一次班,但当时对此感兴趣的人寥寥无几。不到20年后的今天,每月一次的课程几乎全被预订一空。似乎有越来越多的男性愿意积极地为自己的新角色做好准备。西门子企业医疗保险公司的一项研究结果表明,尽管大多数女性都会参加产前预备课程,但在35—44岁且有生育意愿的男性中,至少有59%的人能够想象自己参与这种活动;而在25—34岁的男性中,这一比例则达到了70%[79]——前提是他们没被德甲联赛比赛日和垃圾回收中心的开放时间绊住。

> 很遗憾,因为我很早之前就定下了一趟旅行,我错过了培训班的情侣之夜。希望我们能再有一个孩子,好给我一个弥补遗憾的机会。想到B.是那次活动中唯一一位"形单影只"的妻子,我至今依然觉得很不好受。
>
> ——马库斯,39岁,教师
> 安娜露(4岁)的父亲

一方面,这确实是一个积极的变化;另一方面,尽管我们不能忽略vaeter-netzwerk.de这样积极投入的博客做出的重要贡献[①],但在主流社会中,明确提供给父亲们的选项还是太少了。"对于男性而言,怀孕与分娩同样是至关重要的重大事件。"维也纳大学的临床心理学家哈拉尔德·韦尔内克这样说,"但男性往往会被困在'顶梁柱'这个角色里,如果他们感到不安,甚至精神崩

---

① 详见本书"附录"。——编者

溃，人们往往会说：'振作点，又不是你亲自生孩子。'"南澳大利亚大学助产学教授玛丽·斯蒂恩带领着切斯特大学的研究团队开展了一次大型元研究，研究了不同国家的男性在伴侣分娩前期准备和分娩过程中的经历。斯蒂恩与合著者们在《助产学》期刊中写道，尽管父亲们希望作为产妇的伴侣、孩子的家长在场，但在医疗机构中，他们感觉自己"既不是病人，也不是访客"：尽管接受医学治疗的不是他们，但他们同样在体验一个改变人生的过程。"因此，在精神与肉体层面，他们都处于一个不确定的空间，这让许多男性觉得自己被排除在外，并感到恐惧。"[80]

这并不是男人们在哭鼻子"卖惨"。我们生活在一个资本主义社会当中，如果准爸爸们强烈要求设立这样的课程项目，那市面上早就该涌现出直击痛点而且高度差异化的各类产品，比如和健身应用程序或是精酿啤酒品尝会联动的准爸爸训练营。这样的产品在市场上缺席，完全是男人们咎由自取。然而，改变这种相处方式之所以至关重要，并不仅仅是因为要让父亲们在伴侣分娩过程中感受好些，这背后其实另有原因：大量研究表明，在怀孕期间便和孩子建立情感联结的男性日后会更多地参与照料工作，这反过来又会对伴侣关系质量、亲密关系满意度以及身心健康产生积极影响（参见本书第五章）。父亲教育也可以是一种预防措施。

其实道理很简单：让我们成为不称职父亲的并不是大自然、生物学或是Y染色体的怪脾气，而是我们自己。这话听着有些苛刻、不近人情，因为这样我们就很难找借口为自己开脱了。但这恰恰同样为我们指明了一个绝佳的机会，因为没有任何外在的人和事能够阻止我们成为优秀、称职的父亲。所以我们该怎么做呢？

作为课程项目的教育

家长学校或是类似的机构正在越来越多的城市中涌现。它们往往起着"家庭之家"这种响亮的名字，致力于帮助人们为新生命的到来做好准备。浏览一下他们的网站，你很快就会发现，他们提供的主要是产前预备课程、母乳喂养指导以及婴儿按摩这类服务。通过一项探索性研究，社会学家玛丽昂·穆勒和妮可·齐利恩调查了产前预备课程及类似课程如何助长了"头胎分娩后家庭分工的再传统化"。在对各种课程和类似教育项目进行分析后，两位研究者发现，这些课程"几乎只涉及分娩过程、坐月子以及母乳喂养等话题……分娩准备从形式上被解释为一种生物学现象，女性成了供孩子发育成熟的容器，于是人们只对她们的生殖功能感兴趣"。像民族志学者描绘一个未知的社会一般，穆勒和齐利恩记录下妇女如何一起练习"将一个假想中的榛子推入阴道"，或是长时间谈论乳头的形状与变化。两位研究者认为，通过这种对女性性器官的共同表演性讨论中，女性在扮演准妈妈的角色——进行一种性别实践。[81]

> 我有时会感到良心不安，比如我睡得很好，但我妻子睡得不好的时候。不知道为什么，我们男的就是睡得更沉，但孩子哪怕只是放了一个小屁，妈妈们都会惊醒。到了第二天早上，

第二章

> 我睡得很足,但孩儿他妈却挂着黑眼圈、一脸怨气地看着我,尽管我也并不想这样。"你要是把我叫起来,"我这样说,"我就去做了。"
>
> ——莫里斯,45岁,公务员
> 两个男孩(一个5岁、一个8岁)的父亲

在这个宇宙中,男性不过是临时的过客,或者干脆彻底缺席。两位作者提到了"为人父母的女性化"。女性大多数都有工作,而她们要做好心理准备,毕竟产后独自带孩子是一件很陌生的事情,应当要求男性给她们一些短暂的喘息时间。除此之外,人们还默认每个产妇都应该顺产,不用剖腹产,也不用硬膜外麻醉,还得给孩子吃母乳。

传统家长教育项目的重点显然是母婴的(身体)健康——似乎最迟等到孩子们断了奶,年轻的父母们就再也不会面临任何重大挑战了。这样"自然而然地为准妈妈们赋予某种品质,限制了她们生育第一个孩子之后在分工安排方面的选择,使得再传统化过程成为可能"[82]。在家长学校中,胎盘的二次利用和会阴侧切术是稀松平常的讨论话题,但若要讨论如何让两个人组成一个家长团队,并找到一种适合双方共同愿景的模式,这样的谈话可能会被认为是过分私密的。当然,教你收拾待产包的小贴士还有各种关于呼吸及抱孩子的技巧的确很有用,但现在回头想想,我更希望能有人跟我谈谈该如何应对压力、怀疑或是感情危机。

重塑措施

我们的大女儿出生几周后,我推着婴儿车穿过一片皑皑白雪。天气寒冷,阳光明媚。小宝贝在毛毡与羊毛裹成的茧中安然入睡。天地间明亮澄澈,充满爱意。"其他人到底想要什么啊?"在长长的散步途中,我自负地这样悄悄想着,"我们过得挺好的呀。"好吧,睡眠时间是不多。小家伙一夜要醒三到五次,闹着要喝奶。每天早上6点多、不到7点,我会和女儿一起起床,让妻子多睡几个小时,自己则投身于幼儿音乐教育中:库尔特·瓦格纳,来一点勃拉姆斯,音乐氛围温暖,音符细碎,我俩往往会在客厅沙发上再度进入梦乡。四周之后,我又开始居家办公,而且我非常确定,不久之后就能领到闪闪发光的"父亲荣誉勋章"。当我把自己积极的中期总结告诉我妻子时,她震惊地睁大眼睛看着我:"真的吗?我生完孩子还没缓过来劲儿呢!"我:沉默。她:"你怎么可能不知道,你当时也在啊。"

是,我当时也在——正如主任医师吕特耶医生教的那样,我把自己的角色限定为出租车司机和场边教练,拿着毛巾手套和能量棒随时"待命"。我还记得窗外的大雾、暗淡的灯光,以及我多么着迷地试图凑近婴儿、母亲与助产士之间无声对话。就这样,几个小时过去了,突然间,一位主治医师冲了进来,嘀咕了一句"心音不清",然后我的妻子就消失在了医护组成的人墙后面。五分钟后,小家伙出生了,耳朵皱成了尖尖的精灵耳,还留着英伦流行风的发型。她蓝色的眼睛迅速覆盖掉了我内心硬盘中刚刚那充满恐惧、混乱与痛苦的几分钟。一切都很顺利,不

第二章

是吗?"我以为你也在精神上受到了创伤,因为你那会儿帮不上我。"我妻子说。

那一刻,我清醒了:几个月来,我们一直在计划着奔向新生活的冒险之旅,反复讨论着具体的路线与最坏的情况,背包里装满了换洗衣物和饮用水——可最后,我们依然抵达了两个不同的山头,中间隔着一道深深的山谷。

一个坏消息:无论你如何努力,身体体验上的差异都是无法克服的。一个好消息:孩子刚出生后这段时间是你这辈子最乐意与他人共情、最乐意克服差异的阶段。每本育儿指南都会告诉你,母亲们的血液循环中流淌着一些激素,它们能让母亲们为分娩做好准备,让分娩的疼痛变得可以忍受,增强建立情感联结的能力。但鲜为人知的是,准爸爸们也会经历神经生物学层面的变化。与孕妇密切接触的男性会在分娩前做好生理层面的准备,以便照顾孩子:即便是在男性体内,与妊娠有关的激素(例如催乳素、皮质醇和雌激素)水平也会有所上升;与此同时,孩子出生后,睾酮水平也会下降,而睾酮对于肌肉构成、男性体格与性欲的形成都至关重要。在大众的认知中,睾酮才是让男人成为男人的关键所在。科学研究证实,与睾酮水平高的男性相比,血液中睾酮水平低的男性对孩子的哭声反应更强烈,更愿意积极参与抚养孩子,也会表现出更多的同情与关爱。[83]巴伊兰大学坐落于特拉维夫附近,这所大学的发展心理学家露丝·费尔德曼领导的一组研究人员发现,在分娩前,孕妇与她们丈夫体内的催产素(即"联结荷尔蒙")水平几乎不相上下,似乎进化论也想要确保父母能用相似的态度对待新生儿[84]。

产后两小时，我的妻子对我说："我得去冲个澡，你抱会儿。"然后这条小虫子就在我的肚皮上趴了三十分钟，她并没有哭闹，只是发出海豚一样咯咯的声音。就在那一刻，她迷倒了我，这便是我们关系的开始。

——凯，50岁，自由职业者

米卡（10岁）的父亲

"与婴儿相处会让人们的身体发生变化。"[85]人类学家莎拉·布莱弗·赫迪在她的《母亲与其他》一书中这样写道。这里强调的是"人们"，而不仅仅是女性。巴伊兰大学的科学家们还对父母们进行了脑部扫描，他们发现，母亲大脑中负责处理情绪的区域较为活跃，因而她们能够与他人共情，而大多数男性这一大脑区域的活跃度则较低。然而，当研究人员对全职照顾婴儿的同性恋男性的大脑进行观察时，他们发现，这些男性相应脑区的活跃程度与母亲们一样高。[86]这样看来，人们之所以拥有那些时至今日依旧被我们打上"母性"标签的能力，并不是因为他们属于某一生理性别，而是因为他们日常照顾孩子的经历。

别再对女性似乎拥有顺风耳、钢铁心脏以及记住孩子生日的第六感之类的超能力大吃一惊了。我的妻子绝对拥有超能力，但它并非与生俱来的，而是后天习得的。要想学会为人父母，最终还是要靠亲身实践。再说了：谁不想拥有超能力呢？

第二章

一张图胜过 10 459 个字

相信女性生来就能做母亲的人越来越少,但这一传说依旧阴魂不散,这主要归咎于过时的性别角色模式与缺乏勇气的父亲。[79]

先天,后天,干扰信息

关于女性为何承担更多的家务劳动,父亲们与母亲们各执一词。至少有1/8的男性认为"没有特别原因":难道仅仅如此吗? [16]

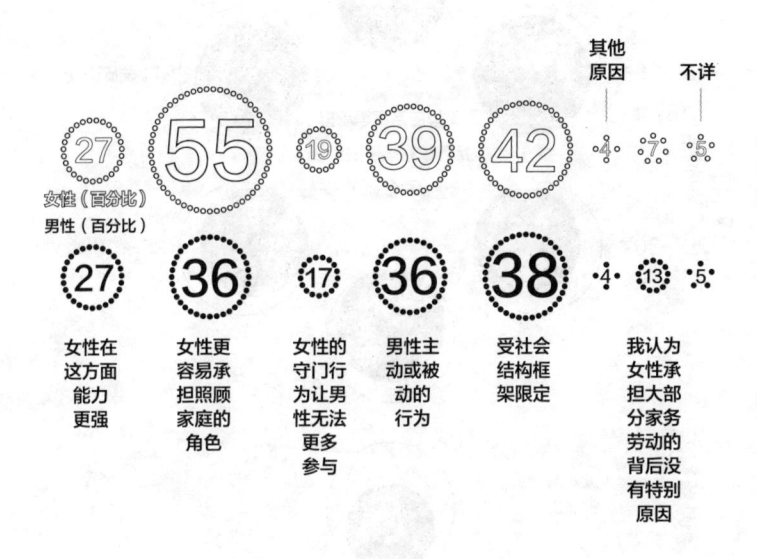

					其他原因	不详
27	55	19	39	42	4	5

女性(百分比)
男性(百分比)

27	36	17	36	38	4	13	5
女性在这方面能力更强	女性更容易承担照顾家庭的角色	女性的守门行为让男性无法更多参与	男性主动或被动的行为	受社会结构框架限定		我认为女性承担大部分家务劳动的背后没有特别原因	

小步前进

在有生育意愿的男性中,能够想象与准妈妈一同参加产前预备课程的比例: [79]

35—44岁 59%   25—34岁 70%

越年轻，越进步？

近3/4的受访父母认为，父母双方应"平等"承担育儿责任。与此同时，48%的人认为女性"天生比男性更擅长跟婴儿打交道"。有趣的是，31—35岁，也就是平均初次生育年龄组的观点最为传统。[67]

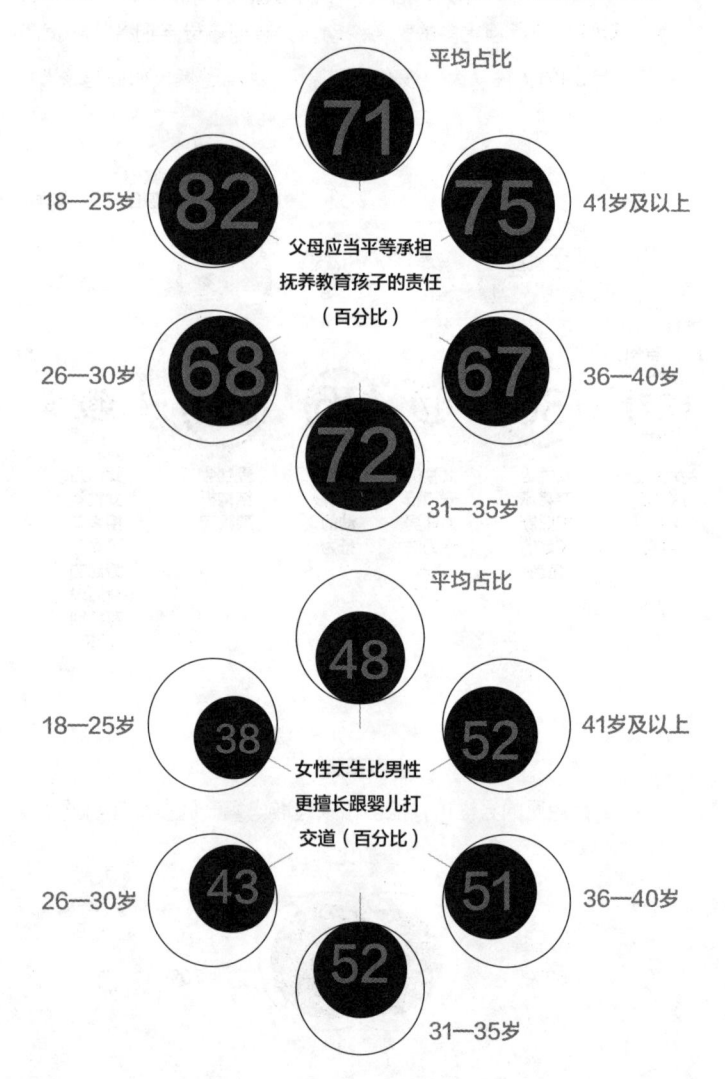

平均占比
71

18—25岁 82　　　　　75 41岁及以上

父母应当平等承担
抚养教育孩子的责任
（百分比）

26—30岁 68　　　　　67 36—40岁

72
31—35岁

平均占比
48

18—25岁 38　　　　　52 41岁及以上

女性天生比男性
更擅长跟婴儿打
交道（百分比）

26—30岁 43　　　　　51 36—40岁

52
31—35岁

第三章

"从小别人就是这么教我的"

性别角色—教育—进步

我认识这样一个最纯正的大男子主义者：他身材敦实，经常穿蓝色衬衫——下面还不穿裤子。他一头乱发，张望世界的小眼睛里透着一股无害的和善，完全看不出他有什么复仇主义的企图。但是！小鼠提比！我打第一天起就看穿你了！《小鼠提比》（意大利语原版标题：*Topo Tip*）系列童书自2014年起在德国出版，之后又衍生出了包括玩具、图书、广播剧和电视节目在内的多种多媒体形式，可谓是泛滥成灾。我的孩子们很喜欢这只小动物，"淘气小鼠"[①]可能是她俩最先学会的五十个单词之一。这让我有些害怕。让我害怕的倒不是提比与可怕猫咪们进行的惊心动魄的冒险，毕竟大部分故事里讲的还是日常生活：学游泳、上幼儿园，或是第一次在爷爷奶奶家过夜。

问题出在森林边缘这栋三十厘米高的独立式洋房中所展示的完美日常生活上。在《妈妈去上班》这集广播剧中，当妈妈告诉四岁的提比自己正在找工作时，提比的反应是："难道你不爱我

[①] 《小鼠提比》系列的德语名为"Leo Lausemaus"，直译为"淘气小鼠利奥"。

了吗?"旁白佐以善解人意的男中音:"这下小鼠提比可吓坏了。如果妈妈每天都去上班,晚上像爸爸一样疲惫地回到家,妈妈就没有时间陪他了。"[87]

每一出伟大的戏剧都需要一场灾难,而在这个故事中,灾难就是母亲的有偿劳动,当然,只是兼职。

在这个典型的卡通家庭中,家务活理所当然地由鼠妈妈全包——做饭、熨衣服、打扫卫生、买东西;儿子、父亲与男声旁白非但没有对此表示过一丝感激,这三个大老爷们甚至还嘲笑鼠妈妈打电话时间太长、嘲笑她在市场上和她的好闺蜜闲聊("那可有得等了,咪咪的话一直特别多")。故事中父亲的形象也没好到哪里去——不如说父亲这个形象几乎不存在。他对什么都漠不关心,没有生活自理能力,不是出门在外,就是凑巧回家来。有一次他不得不给家里人做一顿饭,中间状况百出,最后端上桌的意大利面像疫情期间新研发出的疫苗,被夸上了天。[88]

《小鼠提比》是一部日常教育型的儿童读物,这样的童书要教会孩子们不要跟陌生人走、戒掉安抚奶嘴、至少隔三岔五吃上一些菠菜之类的绿色食物。但为什么偏偏是在这里、在这种向孩子们传授规则和习俗的作品中,19世纪的性别角色模式却依旧阴魂不散?

在本书第二章中,我们已经看到,尽管从统计数字上看,女性更有可能照顾孩子,但这种能力并非是女性基因中的固有属性。激素测试与计算机断层扫描都证实了西蒙娜·德·波伏娃的一句名言:"女人不是天生的,而是被造就的。"当然,这句话也适用于男性与父亲。

―――― 第三章

> 我是家里的老大，下面有三个妹妹。这让我和父亲之间产生了一种共犯般的关系。我父亲务农很辛苦，他总是明确表示，家必须是让他放松的地方。他经常周末什么事儿都不干，就躺在沙发上。我和父亲有自己独立的卫生间，但都是我母亲在打扫。
>
> ——弗朗茨，45岁，理疗师
> 崔西（14岁）的父亲

时至今日，相信"性别本质主义"（认为男女之间的差异仅能从生物学角度解释）的人越来越少了。相反，现在的人们认为，除了生理因素外，造成性别差异最重要的因素是一套在我们生命早期就被植入我们大脑并且不断更新的社会程序。这套程序决定了我们的行为方式、我们的愿景，以及我们处理冲突的方式。这一学派又叫作"性别存在主义"。

然而，尽管导致男女性别行为不同的并非生理差异，但这并不意味着我们能够在短时间内随意改变它们。为什么这套社会设定如此根深蒂固？如果我们自己都看不到好榜样，我们又要如何与这种代代相传的错误关联做斗争？还有一个最重要的问题：无论是有心还是无意，我们究竟向自己的孩子传授了什么样的信息与规范？

蓝/粉色陷阱

我女儿的书架上有一些我小时候就很爱看的书，比如《雅诺什寓言》，书里有只叫"丝绸爪子"的小母老鼠，她不愿帮妈妈做家务，而更喜欢骑大黄蜂，或是乘坐自己组装的潜水艇，探索林中湖泊的深处。然而，当丝绸爪子嫁给了一只公老鼠，自己也当上妈妈之后，她开始许愿想要生个女儿，这样她就能帮自己做针线活了。各位想想，这个故事的寓意是什么呢？相比之下，雅诺什的作品整体上还是比较前卫的，毕竟还有老虎配熊这种新颖的伴侣形式。在阿斯特丽德·林格伦的作品中，长袜子皮皮喜欢给好朋友汤米送怀表或是长笛，而小安妮卡收到的则是首饰。埃里希·凯斯特纳的经典作品《艾米尔与侦探们》讲述的是一群男孩抓小偷的故事，但故事里也出现了一个女孩，那就是艾米尔的表妹。她初次登场时的介绍是这样的："'小马帽'满面春风地把车骑进了院子……她从车座上跳下来……举起一个绑在车把上的小篮子。'我给你们带了咖啡，'她嚷道，'还有黄油面包！'"[89]男孩们追捕罪犯，女孩们负责管饭。当然，有人会说了，这本书是凯斯特纳在1929年写成的，这不过是当时社会的写照罢了。很多深受喜爱的儿童读物都禁不起现代人的审视，比如《长袜子皮皮》和"批判性种族理论"、《大象巴巴》与后殖民主义。大家都说，时代变了，当年是很黑暗的。

但我们要如何当着21世纪的孩子们的面为《我的朋友康妮》[①]和《小鼠提比》辩护呢？难道说我们现在生活的时代依然很黑暗？

---

① 《我的朋友康妮》（Conni）为德国知名动画片，改编自同名绘本，以主人公康妮的日常生活为主题。

―――― 第三章

这真是件怪事：我女儿有个比她小八个星期的表弟，我们其实从没让她刻意接触那些传统意义上女孩子爱玩的东西，比如娃娃或者小动物什么的，她表弟的家长也没有故意让他只玩玩具车，但他就是特别痴迷于汽车、交通工具、建筑工地这类东西，而我的女儿则往往更爱玩毛绒动物，而且很爱画画。哪怕你尽量避开刻板印象，这种事情似乎依然会潜移默化地发生。

——格奥尔格，31岁，自由职业记者
莉娅-玛蒂尔达（1岁）的父亲

如果你在2022年走进一家书店的童书区，你准会被粉红色与淡蓝色的霓虹灯晃得眼花缭乱。这些彩灯旨在让目标读者群体及其背后掏钱的主顾尽可能轻松地找到自己的方向：一边是浑身亮闪闪的莉莉菲公主，另一边则是鏖战海盗的鲨鱼船长。为了了解讲给男孩听的故事与女孩的究竟有多么不同，《南德意志报》最近开展了一项数据新闻项目，该项目对法兰克福大学青少年读物研究图书馆的目录进行了分析，这份由图书馆员编纂而成的目录共收集并记录了5万册德语绘本、童书及青少年读物。在童书中，男性主角与"冒险"或是"冒险故事"等关键词的关联次数（3450次）几乎是女性主角的3倍（1325次）。《南德意志报》的撰稿人这样写道："书中的男孩往往有更多不同寻常、令人兴奋，甚至称得上危险的经历。而女孩们的经历……则更多围绕动物、学校、家庭等主题展开，也较少离开熟悉的日常生活环境。"[90]在儿童读物中，女性角色的塑造往往比男性角色更为被动。书中很少出现勇敢坚强的女性角色,情绪化的女性角色数量则是男性角色的两倍。"绘本作为社会规范的载体,可以传达性别观念与(非)典型的性别行为。"教育学家拉尔斯·伯格哈特与弗洛里安·克里斯托瓦尔·克伦克在一项大规模研究中这样写道,"这种角色塑造会让人们利用这些现有的'榜样'形象,对自己的行为范围、想象范围与自我认知范围进行相应的扩大化与限制。"[91]

其实,家长们不用啃几百页厚厚的教育学文献也能得出一样的结论,往孩子的房间里看一眼就够了。作为业余社会学家兼业余心理学家,我们每天都能在孩子的房间里看到这些古老的性别角色宣传策略。这是性别歧视在现实生活中的实验室,这是一场没有研究时限的实验,且产生了相当严重的影响与副作用。有时,我看着女儿们全神贯注地坐在托尼音乐故事盒(一款未成年人专用的智能音箱)前,听着新一集的《小鼠提比》,那弱智的广播剧开场音乐简直听得我大脑冒烟。我不禁在想,两个小家伙听了这种故事会记住些什么?爸爸永远不在家?妈妈是端茶倒水的仆人?日子就这样时好时坏地过下去,直到他们去世?

然后,我又给自己抛出了另一串问题:难道我不该跟小家伙们谈一谈"现有的'榜样'形象"对"行为范围、想象范围与自我认知范围"所造成的"扩大化与限制"吗?为什么我还没有把《小鼠提比》列为家中禁书?考虑到这个挑战以及其他许多挑战,我作为父亲的失职是不是也和我成长过程中的性别角色形象有关?

作为"性别工厂"的家

在比我小三岁的弟弟出生前几个月,我爸妈送了我一个洋娃娃做圣诞礼物,娃娃有着棕色的头发、长长的睫毛,我们给它取名叫妮娜。这个真人大小的塑料婴儿是为了让我明白,我很快就不是家里唯一的小孩子了。除此之外,我还可以用它练习如何包襁褓、抱宝宝、爱孩子。直到今天,我爸妈还会在圣诞节大笑着告诉我,我当年对这项教育措施的热情相当有限,妮娜先是孤独地躺在圣诞树下,后来又孤独地躺在儿童房的角落里,而我则津津有味地玩着我的恐龙、机器人和乐高骑士。后来,《宇宙巨人希曼》的壮硕怪物和《恐龙骑士》也加入了我的玩具行列,比如装配了未来风格的地对空导弹的霸王龙。真是"燃"得太有开创性了。如今,当我看到我的两个女儿满怀爱意地拿着娃娃玩得不亦乐乎时,我不禁在想,为什么当年我觉得妮娜那么无聊——也许来把婴儿手枪会有所帮助?

> 我和儿子一起玩耍时几乎全是肢体接触项目,都是摔跤打闹之类的,我甚至还给他买了拳击手套,让他用力打我的手。后来我发现,我和他妈妈扮演的角色完全不同,她更经常地安抚孩子,他和母亲抱在一起的时间要比抱我的时间多得多。
>
> ——西蒙,39岁,求职中
> 亨利(6岁)的父亲

2020年,《性行为档案》杂志上发表的一篇论文称:"任何观察过孩子玩耍的人都会发现,女孩和男孩喜欢不同的玩具。"剑桥大学的两位研究者雅克·戴维斯与梅丽莎·海因斯对过去几十年中的七十五项研究进行了元研究,这七十五项研究都考察了女孩和男孩站在堆积如山的娃娃、挖掘机、手枪和玩具厨房面前会如何选择。研究结论并不令人惊讶:在玩具选择这个问题上,女孩和男孩的性别偏好非常明显,而且在这几十年内都很稳定。[92]然而,这些偏好的来源依旧不甚明了。是因为生理差异吗?是因为成年人对待男孩和女孩的方式有所不同?还是因为孩子们通过观察周围的环境而习得了某些价值观与行为方式?归根结底,多种因素共同造成了目前的这个局面。但毋庸置疑的是,我们不假思索地将人类分成了男人和女人这两个截然不同的类别,并分别赋予了他们特定的情感、思想和行为习惯。

> 我自己的性格就像个孩子。后来我发现,我现在有了一个绝佳的借口,能让我心安理得地重新捡起这些幼稚的事情来做,这简直太爽了。我们办公室里曾经摆着一个巨大的玩具赛车赛道,我们经常在休息时间一起玩它。当我知道自己要有个儿子之后,我立刻就想好了:只要他一长到能拿得住遥控器的年龄,我就给他买一个赛车赛道当圣诞礼物。
>
> ——斯特凡,38岁,信息技术专家
> 三个孩子(2岁、4岁、15岁)的父亲

在1975年进行的所谓"Baby X"实验中,心理学家发现,成年人在和三个月大的婴儿玩耍时,会根据自己所认为的婴儿性别

---- 第三章

选择不同的玩具,他们会给"玛丽"玩娃娃,而给"约翰尼"玩足球。[93] 这个实验之所以会在社会心理学领域大红大紫,也是因为它可以被拍成视频记录下来:几年前,英国广播公司的科教部门给一个一岁大的女孩穿上格子衬衫与蓝裤子,让一个小男孩穿上粉色连衣裙,然后拍摄实验对象和两个小朋友的互动过程。实验对象们把小女孩抱到了玩具汽车上、把皮球扔给她玩,而把娃娃和可爱的毛绒玩具塞给了男孩。但无论是在室内还是在室外玩耍、无论得到锻炼的是协调能力还是沟通能力,都会对孩子的成长造成影响。"当幼儿通过游戏锻炼他们的空间想象力时,他们的大脑在三个月内就会发生变化。"节目主持人这样解释道,希望实验对象能反思他们简单粗暴的分类行为与想法。"我之前还觉得自己的思想蛮开放的呢。"一位参与者抱歉地说。英国广播公司的这条视频在优兔网(YouTube)上的点击量已经突破了100万。[94]

另一组研究人员则观察到,与女儿互动时,父亲经常给她们唱儿歌、谈论悲伤等情绪;而与儿子互动时,他们则更喜欢跟他们一起奔跑打闹,谈论目标、胜利、自豪感等竞争性话题。[95] 儿童房、客厅与幼儿园发生的日常接触和互动会给孩子们传递价值观、灌输外界期待的行为。例如,有研究表明,如果他们感觉身边没有旁观者,四岁的男孩会花21%的时间来玩"女孩玩具";而一旦有其他孩子进入房间,这一比例就会下降到10%。[96]

社会化导致了特定性别行为的出现。男孩和男人知道,他们不能示弱,在竞争中获胜才是最重要的,所以他们要优先关注自己的需求;而如果女孩同情他人,与他人沟通,以共同利益为行为导向，人们则会奖励她们。这就产生了相应的后果：例如，研究表明，在平等主义家庭中长大的男孩要比来自传统家庭的男孩对婴儿更感兴趣。[97] 社会学家说，家就是一座"性别工厂"，源源不断地制造（再造）出传统的行为模式与权力关系。

> 可能有些性格特征在男性身上要比女性身上多一些，比如风险意识或者自信。但也有女性具备这些特质。我不认为我的任务是给孩子灌输刻板印象。但我认为，能让孩子体会到他们是来自父母双方的独特混合体，是一件很重要也很好的事情。当然，如果父母双方在他们的生活中都可触、可感，这可能会让事情变得更容易一些。
>
> ——格拉尔德，45岁，教师
> 菲利克斯（8岁）与汉娜（12岁）的父亲

今天为人父母的一代人出生于20世纪70—90年代，那可能是单职工模式——即父亲工作，母亲照顾家庭——在人类历史上最为稳定的时代（这也要拜夫妻税制等政策所赐）。1960—1990年间，德国的职业妇女人数只增加了20%多一点，但在随后的30年中，这一比例的涨幅则超过了30%。[98] 我出生之后，我母亲也一直待在家里。用心理学家的话说，她是我的"主要照顾者"，尤其是在我父母离婚，我父亲搬出去之后。但即便在那之前，我父亲也很少做家务。在我童年的印象中，我只见过他在厨房里给我们做奶油奶酪三明治或是组装洗碗机。但他在地下室里有一个超酷的工作室，他会在那里给我们打造藏宝箱或是刻一支笛子。

第三章

我当然不是在批判我的父亲,更不是批评我的母亲。但显而易见,尽管我父母的家充满了个性与浓浓的爱,但它同样是一座"性别工厂",生产出的是相当标准化的产品。当我审视自己的男性朋友圈子,我发现他们的"预断点"惊人地相似。我的一位朋友在一个激进左派的"六八运动"[1]家庭长大,他曾经跟我说过,他的姐妹们很自然地从她们的女权主义者母亲(这位母亲家里摆着爱丽丝·施瓦泽[2]和西蒙娜·德·波伏娃的全集)那里学会了做饭;而他当年则更爱玩他的马克林小火车,直到二十八岁才跟着他现在的妻子学会了做饭。这位朋友现在厨艺很不错,但他说,他至今依然不知道怎么把湿衣服在晾衣绳上挂好。

顺便说一句,我说这些话并不是想给自己的行为找借口。当然了,找个好借口也是很实际的:"我拖了三个星期才去找牙医预约检查孩子的乳牙,并不是因为我对此一无所知,或是过得晕晕乎乎,我能怎么办呢?木已成舟,我已经这么定型了嘛。"但过去(以及现在)的性别角色至少可以算得上是部分原因。一大早出门之前,我的妻子经常会给我留下几张便利贴,像一堆思想泡泡,贴在浴室镜子上、冰箱上,还有大门背后("你确定你不会把房子烧了吗?""关煤气灶!")。站在门廊的镜子前,我在友情提醒的夹缝里("今天外面有三十摄氏度,你给孩子抹防晒霜

---

[1] 六八运动,又称六八事件、六八革命、六八学潮,指左翼学生及民权运动分子于20世纪60年代中后期发起的一系列反战、反官僚精英抗议活动,其主要特征为民众对军事和官僚精英所实施的政治压迫的反抗。1968年,这一系列抗议活动达到了高潮。

[2] 爱丽丝·施瓦泽(Alice Schwarzer,1942—),德国新闻记者兼著名女权主义者。

了吗？"），看到了一个其实很有同情心、很关心他人的人；但与此同时，这些五颜六色的便利贴像拼图一般，拼出了我的失职。

日常生活中的宣传

尽管刻板性别印象在儿童房里横行霸道，但它并不会在孩子年满十八岁那天便自行消失。大环境、媒体、家人与陌生人微小而长期的介入确保了性别形象毫不动摇：母亲是家中的首席执行官，负责经营家庭情感，管理日常生活；而负责生产的父亲尽管只是偶尔从阴影中跳出来随便分担一些工作、随意指点一番，但所有重要问题依然要由他拍板。

当尤利娅·耶克尔（她于2013—2021年担任古纳雅尔出版社负责人，并同时抚养一对双胞胎）这样成功的女性管理者接受采访时，她们总是会被问到要如何兼顾事业与家庭，而她们的男同行则很少被问到这种问题。我有一位老朋友，她每周都有两天要为了工作从莱比锡赶到柏林，还得在柏林过夜，毕竟等她坐上火车，孩子们也已经上床睡觉了，何必赶回去呢？这位朋友说，和同事们一起吃晚饭时，经常有人问她：你现在在外面，那家里的孩子是谁在照顾？

我的妻子也经常说起一些我完全不知道的经历。有天，她从超市回到家，气得七窍生烟，因为又有人不请自来，对她的育儿方法指指点点。从来没人"指点"过我，我还经常受到表扬呢。时至今日，"家务劳动应是男女共同的责任"这一共识依旧是纸上谈兵。有些时候，你能从字里行间读出言外之意，例如我

第三章

的同事会说："你怎么又要去幼儿园接孩子了，你不是上周刚接过吗？"当我的妻子在家庭聚会上向一位亲戚讲述自己的职业规划时，却听到了这样的问题："你还有必要继续上班吗？"很大程度上，养育孩子依然是母亲专属的工作，看一眼喜宝[①]"我的宝贝俱乐部"新闻通讯这类教育材料就明白了。家长可以在孩子出生时订阅这份通讯，它会针对不同年龄段的孩子提供相应的育儿贴士。对于十八个月以上的孩子，通讯给出了这样的评论："孩子出生时，父亲是在场的。在刚生下来的头几个月里，他们自然也会给孩子换尿布……但到了后面的某个节点，很多男性就会抄起老一套说辞，说自己工作太忙，没有时间。"从数据来看，情况确实如此。但我们能做些什么呢？通讯接着写道："但您也许能让爸爸们的热情保持得更久一点。"读到这儿，你就会注意到，通讯预设的读者不是孩子的父母双方，而仅仅是孩子的母亲。更过分的是，父亲对于照顾孩子的热情变成了母亲们待办事项清单上的另一个项目，同样被纳入了她们的责任范围。另一个建议："如果可以的话，尽量经常把孩子单独留给丈夫，周末甚至可以安排一整个上午专门让爸爸带孩子。"或者："在爸爸的陪伴下，出门郊游更是乐趣无穷。爸爸也许可以在傍晚带孩子去上亲子体操课，甚至偶尔带孩子去泳池。"记者尤迪特·利尔在推特上分享了摘录自2021年新闻通讯的上述内容，获得了成千上万个赞。除了揭穿"男女搭配"的刻板印象之外，她还想表明，"在婴幼儿行业的世界里，父亲遭遇了堂而皇之的边缘化与打压"[99]。

[①] 喜宝（HiPP），德国著名婴儿用品品牌。

在家长群体内部，嘲笑思想封建的童书与育儿指南几乎成了一种基本礼节：唉，你看这些老掉牙的卡通动物。但自以为看穿了问题的表象并不代表找到了解决办法。有多少小鼠提比藏在我们心中？当然，塑造下一代的不仅仅是他们读什么书、穿什么衣服、玩什么游戏。对于孩子们而言，对他们影响最为深远的节目就是"家庭剧场"，这部每天不间断播出的真实肥皂剧。正因如此，下面这些问题才尤为重要：我家这座小小的"性别工厂"的生产流程究竟是什么样的？要想让我的孩子们免受愚蠢的刻板印象毒害、自由长大（尽管这个愿望听起来很可悲），我们要做什么？我又该做什么？

> 在我4岁多的时候，我的亲生父母离婚了。我和我的兄弟姐妹后来是跟着我妈妈和我姥姥长大的。我的生父和继父要么压根不管我们，要么给我们添乱。当时我就意识到：我不想这样过，我要真正陪伴我的孩子，而不是总拒绝他们。我想真正地给孩子一些东西，教会他们一些事情。如果孩子提出了问题，而我给不出答案，那我想和孩子一起找出答案。
>
> ——西蒙，39岁，求职中
> 亨利（6岁）的父亲

时至今日，每家药妆店几乎都在出售颜色不同的安抚奶嘴和婴儿连脚裤，粉色的上面写着"戏精女王"（Drama Queen），而淡蓝色的上面则写着"坏小子"（Bad Boy）。这种二元化的设计指明了女孩和男孩该分别对什么感兴趣，又该表现出什么特征。

第三章

这种现象又称作"粉/蓝陷阱",通常被视作是消费行业卑鄙无耻的性别营销策略。我们家也深陷"粉/蓝陷阱"之中。五岁的女儿每天都想打扮成城堡大小姐去上幼儿园。这件比她大了两个号的衣服是她在阁楼上的一个旧戏服箱子里翻出来的,而我并不是每天早上都有心力跟她争辩:所以幼儿园老师已经习惯了我女儿金冠配头纱的造型了。如果我的女儿没有打扮成城堡大小姐,那她就会足蹬粉红色运动鞋、身背粉红色亮片书包,有时候还要配上豹纹紧身裤和纱裙。当她笑着问我"我真好看,对吧?"时,我实在是不忍心告诉她:"唉,我的心肝,你一直都很好看,我不骗你,但从性别政治的角度看,你的时尚品味着实有点单一。"我实在很想知道,她为什么对这个角色和相应的服装如此情有独钟。在现代人看来,头纱和薄纱面料让人想起的都是古老的柔弱女性形象,让人想起坐在塔楼里被动地等待英雄来救美的贵妇。不管怎么说,这种角色扮演也太单一了吧?她为什么不能今天当公主、明天当骑士、后天当……化学教授?这难道要怪整个行业撒满亮片的宣传手段?还是说我做错了什么?她这种偏好到底是哪里来的?无论在哪个年龄段,我们几乎没见过身边有女性对豹纹紧身裤和粉红色亮片造型如此情有独钟。但转念一想,也许是我想太多了。毕竟,尽管我把粉红色亮片裙子和被动行为联系在一起,但我女儿却穿着它跳泥坑、爬大树。

社会学家和性别研究专业的教授们指出,尽管50年前的人们更讲究"男女有别"的观念,但那时严格区分性别的玩具可没有现在多。[100]只要打开家庭相册,你就能很轻易地找到证据:在黑白老照片里,男孩子们穿睡裙司空见惯;祖母和她的兄弟要么一起对着娃娃屋两眼放光,要么给木偶和鳄鱼安排一些不指定性别的角色,拿着它们在儿童房里上演一出即兴戏剧。

在回顾过去时,人们往往会带着一种傲慢的态度,认为当年的做法真是落后又奇特:孩子出院回家时,家长竟然直接把他们放在后排座椅上的草编篮子里——你们完全不用迈可适牌儿童安全座椅吗?而且,"家庭主妇"在那时也还不是句骂人话。如今,我们阅读有关解构性别角色与照料工作的文章,在推特上为某些基督教民主联盟议员候选人的性别观念吵得不可开交;与此同时,我们却给孩子们"购买"了一个消费主义世界,其中充斥着连弗里德里希·梅尔茨[1]都看不下去的性别刻板印象。儿童房的商业化程度越高,这个本应该让孩子们玩耍成长的空间就越是在"开倒车"。现代社会几乎是在无意识地用"粉/蓝模式"重新将性别分隔开来,因为这个社会在心理层面无法承受我们目前表面上实现的男女平等。

> 我的父母对我影响很大。我的母亲给了我无微不至的关怀,我的父亲则通过旅行与远足向我展示了世界的精彩。我希望我的女儿也能拥有同样的体验。但我希望我这个爸爸能同时做到以上两个方面,既能体贴孩子,又有冒险精神。
>
> ——格奥尔格,31岁,自由职业记者
> 莉娅-玛蒂尔达(1岁)的父亲

---

[1] 弗里德里希·梅尔茨(Friedrich Merz, 1955—),德国政治家,德国政党基督教民主联盟领袖。

第三章

当然，我可以把我女儿的偏好归咎于资本主义，让全球市场上的各种"莉莉菲公主"与"小鼠提比"来"背锅"。但作为一个开明的父亲——哪怕我的开明仅仅停留在（这本书里的）纸上谈兵——我觉得自己难辞其咎。"事实上，父母对子女的行为模式与兴趣发展所造成的影响往往要比他们愿意承认的大得多。"莎拉·施佩克这样写道。施佩克来自法兰克福大学，是该校社会研究所"亲子关系中的平等悖论"这一研究项目的联合导师。在教育水平较高的城市环境中，平等观念往往深入人心，但即便是在这种环境中，"女孩与男孩之间的差异依然会在日常生活中有所体现"[101]。

这种悖论的一种可能的解释是：有学术背景的父母不仅会幻想自己已经完全战胜了恼人的性别不平等现象（参见本书第一章），还会将年幼的孩子视作完全成熟的个体，因而坚决不愿意限制他们的发展进程。我并没有把"女儿穿公主裙"这件事视作她对符号准则与社会行为规范的玩闹式探索、一种练习与尝试，而是把它当成了她发自内心的一个愿望，我也自然希望能帮她实现这个愿望——就像我在其他许多事情上想让她梦想成真一样。从心智层面上看，我当然知道这么小的孩子几乎很难意识到这一点，而作为家长，我的职责就是给孩子们提供指引。

也许有些时候，阻碍我与性别角色刻板印象做斗争的并不仅仅是懒惰；也许我自己也在一次次地落入刻板印象的陷阱之中。如果我生的不是个女孩，我还会拿着梳子追着孩子满屋乱跑吗？还是说，我之所以会在潜意识里希望她的长头发看起来梳得整整齐齐，是因为我觉得女孩就该有女孩的样子？一家人一起去城堡遗址郊游时，如果在城垛上爬来爬去的是我假想出的儿子，我会像担心女儿那样担心他吗？还是说我会更放心，因为男孩子在这方面就是更有本事？我究竟为孩子们树立了什么样的榜样？我们的孩子会在哪方面效仿我和我妻子的角色分工？我在哪些方面给孩子们灌输了过时的错误影响？"时至今日，性别刻板印象在儿童游戏场与儿童房中造成的影响要比四十年前更大，这一点与整个社会都息息相关。"施佩克这样写道，"无论这种不平等的结构……是归咎于个体性格还是归咎于自然，其共同点在于，人们假定这种结构是一成不变的。"除此之外，对儿童个体性的夸大体现出了一种缺乏批判意识且非政治化的态度，这就导致了带有性别歧视的性冸关系在社会上长期存在。[102]

> 孩子们可以让你更了解自己。要不是孩子们一直在模仿我，我都意识不到自己有那么多下意识的反应，不光有习惯性的表情和口癖，还有动作和行为方式。我经常问他们："你这都是从哪儿学来的？"然后我会发现，原来我自己就是这么干的。真是太有意思了。
>
> ——格拉尔德，45岁，教师
> 菲利克斯（8岁）与汉娜（12岁）的父亲

和我们经常设想的相反，我们不仅远远没有摆脱陈旧的性别角色，甚至还加深了一些刻板印象。每天，我们都会在儿童房里遭遇新的挫败，因为我们贪图方便、粗心大意、缺乏相应的意识，或者仅仅是因为我们不作为。但这并不意味着我们与刻板印象的抗争毫无意义。恰恰相反，在今天，这种抗争要比以往任何时候都更加重要，也更加有意义。我们不仅要与自己的孩子进行抗争、与童书作者和玩具公司策划部门进行抗争，也要和我们自己进行抗争。道理很简单：如果我想让我的女儿们成长为自信、强大的现代女性，那我自己也得成为自信、强大的现代男人。任重而道远啊。

为自己雕刻偶像吧！ ①

2012年，时任德国社会民主党领袖西格马尔·加布里尔休了育儿假，即便是自由派的《时代周报》也在报道中这样写道："为了让他的伴侣重回工作岗位，接下来的一整个季度他都将在给女儿喂奶和换尿布中度过。"报道的副标题则是："这样能行吗？"[103]说到男性将家庭责任与事业成功相结合，甚至将后者放在次要位置这种事，我们几乎想不到什么模范典型。好吧，电视节目主持人克拉克·盖福德算一个，多亏了他，他的伴侣、时任新西兰总理杰辛达·阿德恩才能在女儿妮芙出生后六周便重返工作岗位。美国歌手约翰·传奇也算一个：在第一个孩子出生后，他休息了一段时间，而且他并不觉得在帮宝适广告中献唱一曲"换尿布之歌"是一件很不酷的事情："有人有个臭臭的小屁屁——让爸爸来解决这个问题！"[104]话题标签：臭屁屁任务。

---

① 此章节原标题为"Du sollst dir ein Bildnis machen!"，作者在此处化用了基督教"十诫"中的"不可为自己雕刻偶像"（Du sollst dir kein Bildnis machen）一条，此处译文修改自和合本《圣经·出埃及记》20：4一段。

但真正的变革来自底层，而非精英阶级。很早就有父亲开设育儿博客；照片墙上也有如假包换的"网红爸爸"向数以万计的粉丝（其中大部分是女性）介绍婴儿感官训练的成功经验，或是分享家庭自制吸吸果泥（装在袋子里的粥与果泥的混合物）食谱（更多在线资源推荐参见本书附录）。与此同时，由于市场需求极大，体育杂志《男士健康》也开设了"爸爸版"副刊，这份副刊不仅提供了易于接受的小剂量自我提升建议（"如何叠出全世界飞得最快的纸飞机"），也提到了为人父的弱点、疲惫与疑虑。这就确实让私人生活拥有了政治性，因为其他男性可以借此看到，除了"眼一闭、心一横"的模式之外，做父亲其实还有其他可能性。

瑞典摄影师约翰·贝夫曼的摄影集《瑞典爸爸》可谓是在世界范围内关于现代父亲这个话题最具影响力的作品之一。2012年，（生于1982年的）贝夫曼迎来了他的第一个儿子，他休了九个月的育儿假（顺便说一句，他妻子也休了九个月的育儿假），并且很快意识到他"完全不知道自己在做什么"。他之前一直以为自己会是一个很放松、让人相处起来很愉快的爸爸，但连珠妙语和电子游戏技巧并不能帮助独自在家的他带好这九个月大的孩子。"我得先弄明白这小家伙要我做什么，"他回忆道，"这就花了我很长时间，我也犯了很多错误。"他愉快地回忆起了那段混乱不堪、让他应接不暇的日子，因为在那段时间里，他的个人需求突然间"退居二线"了，"它把我从自恋的泡沫中拽了出来，让我成为一个更好的人"[105]。

斯堪的纳维亚被认为是后父权制时代的天堂：这里的大多数

第三章

男性都将休育儿假视作理所应当,爸爸们会推着婴儿车、背着婴儿背带在斯德哥尔摩的潮人街区漫步。美国一本父亲杂志曾经惊讶地指出,"拿铁爸爸"①与"性感辣爹"在斯堪的纳维亚几乎是性感象征的代名词。[106]但即便是在这样一个乌托邦式的地方,贝夫曼依然发现,他只能和极少数朋友分享自己的经历:"他们完全不理解我在做什么,觉得我这样做很不爷们儿。"于是他开始拍摄一系列摄影作品,描绘各色父亲形象,"从而推动关于育儿假的积极作用的讨论":一个穿着重金属乐队上衣、满脸胡子的男人安安静静地给地上的孩子换尿布,而旁边婴儿车里的宝宝则在号啕大哭;一个满头大汗的男人背上背着婴儿背带,手拿吸尘器在家里穿行;一个衣冠楚楚的男人趴在厨房地上,试图说服他的三个孩子乖乖去刷牙;一个留着鲻鱼头和小胡子、身穿紧身牛仔裤的男人疲惫地望向镜头,而他的小女儿则拽着一把气球——也许孩子刚刚过完生日?

这些朴实而温暖的照片看起来既像是摆拍,又无比真实,无数探讨照料工作与照料差距的出版物中都使用过它们。澳大利亚作家杰西卡·欧文称它们是"献给世界上所有时间不够用的过劳职业母亲们的色情作品"[107]。但贝夫曼真正感兴趣的并不是"展示超级奶爸",这些超级奶爸不仅能娴熟地平衡工作与家庭,还能抽出时间做仰卧起坐以及去理发。抛开新潮的家具、服装与男人放任女儿把他的脚趾甲涂成紫色的奇妙画面不谈,观者看到的首

---

① "拿铁爸爸"(又称Latte Pappa),对瑞典全职爸爸的昵称,主要特点为衣着精致,带着一个或几个孩子出门,经常推着婴儿车出现在咖啡馆等公共场所。

先是一群人：他们虽然疲惫，但满脸笑容；他们压力山大，却依旧能干；他们手忙脚乱，却感到无比幸福。贝夫曼想做的并不是让人们对父亲更有好感，而是希望重塑男子汉这个身份，让男人成为一种能够与他人建立深刻联系、为他人提供帮助的存在。

> 作为单亲父亲，我希望向我的女儿传达这样一个信息：作为女人，她应当对自己负责，反过来让男性感到幸福舒适不应该是她的职责。当然，我的行为举止也起到了一定的作用，尽管我自己有时候也会意识不到这一点。这就需要我必须振作起来，真正在家庭中努力表现。我希望她能从我的行为中看到，这也是身为男子汉的一部分。如果你之后遇到的男人做不到这一点，那他就不适合你。
>
> ——弗朗茨，45岁，理疗师
> 崔西（14岁）的父亲

人们越来越多地谈到"有毒的男子气概"、揭露旧有行为模式的强迫本质，许多男性在调查中表示他们感觉自己置身事外。在这样一个时代，新派父亲的特质——关爱、联结与理解——也许能为我们指明未来的前进方向。心理学家伯纳黛特·帕克与莎拉·班切夫斯基在一项实验中证明了这一点：研究人员问实验参与者会分别将哪些形容词与"男人""父亲""女人""母亲"这四个概念联系在一起，尽管"男人"这个概念获得的往往是负面联想，但"父亲"收获的正面评价与"母亲"和"女人"几乎不相上下。[108]"为人父是男性身份的一大重要组成部分，它给人一种

―― 第三章

成就感与使命感，让他们开始带着一种创造性的积极态度思考自己能如何影响世界。"帕克在接受采访时这样表示。[109] 通过这项研究，研究人员同样证明了父亲这一角色会影响人们看待世界的方式：她们安排对照组阅读一篇有关职场竞争的文章，而实验组则阅读一篇探讨父亲对孩子的重要性的文章。与对照组相比，实验组的男性被试对移民法改革或气候友好型倡议等进步政策的反应要积极得多。"我们眼前摆着一个独一无二的机会，可以让我们改变已经存在几个世纪之久的陈旧模式。"贝夫曼说。他的摄影作品现已在八十多个国家展出，展览的最近两站是俄罗斯与阿联酋。

与贝夫曼光鲜亮丽的摄影作品相比，大家长的古老形象无疑黯然失色，甚至时常显得十分滑稽可笑——对不起了，小鼠提比。顺便说一句，这并不算什么新鲜见解，我父母的性别观念可没有停留在石器时代。20世纪70年代末，我家的家庭主妇和事业男性参加过一个年轻父母读书会，读书会探讨了托马斯·戈登的教育学畅销书《父母效能训练手册》[110]和"积极倾听""我—信息"以及"没有输家的冲突解决法"等话题。当然，读书会上还有"芝士刺猬"①和女性们准备的其他70年代经典小吃，甚至可能还有人抽烟。无论如何，这场关于如何当好父母的交流让他们与其他父母之间建立了终生的友谊。离婚后，我的父亲无法忍受与孩子们的分离，但他并没有靠着坚忍与毅力这种所谓的男性美德

---

① 芝士刺猬（Käse-Igel），一种盛行于20世纪50—70年代的德国冷盘小吃，因形似刺猬而得名，通常以切半的圆形果蔬（如橙子、蜜瓜、葡萄柚、卷心菜等）为基底，构成刺猬"身体"，插上用牙签串好的奶酪块及切块的水果蔬菜，作为刺猬的"刺"。

硬扛，而是去接受了心理治疗，并和我们非常开诚布公地讨论了这个问题。

当你在显微镜下观察自己的人生经历时，你会发现无数的细节与场景、无数的记忆碎片与独特的时刻，唯一能证明它们存在过的往往是某种感觉或是某种气味，而很难将它们串成一条清晰可辨的线，从过去一路通往现在。20世纪80年代，我外婆曾经是慕尼黑一家科技公司的会计主管——用现在的话说，她可是"财务管理部总经理"。我爷爷突然提前退休，让我奶奶不得不开始赚钱养家。我父亲回忆道："老爷子六十岁了还得学做饭呢，不过他干得倒是不错。"

显然，我爷爷饭做得还挺好。据我父亲说，爷爷虽然不是什么美食家厨师，但至少手艺不错。我们的父母与祖辈开始了这份工作，我们为什么不能现在完成它呢？现在时机已经成熟了。"如今，父亲角色的形式呈现出高度的异质化，一切都取决于每个个体对于父亲这一角色的理解。"来自维也纳的心理学家哈拉尔德·韦尔内克这样认为，自20世纪90年代起，韦尔内克便在进行新派父亲的相关研究。

摄影师约翰·贝夫曼表现出了相似的乐观态度："有一点很清楚：单打独斗是行不通的。因此，我们必须做件很不爷们儿的事情：与其他男人交流想法，讨论我们未来想走的方向。"〔要想了解更多有关爸爸联络网（Väternetzwerke）的信息，请参见本书第六章。〕强大有力、保护家人、独立自主、养家糊口……这些经典的身份特质可以追溯到《圣经》时代的大家长形象，甚至是更久远的时代，毕竟对于这些大家长而言，这不仅关乎关怀照顾，更关乎权力。他们栩栩如生地站在人们面前，在美索不达米亚平原上守卫着自家农舍的栅栏、发动第一场战争，或是徒劳地将石头推上山坡。他知晓自己的能力、背负着"不成功便成仁"的巨大压力，最终却非常孤独。难道没有别的办法了吗？套用加缪的话：我们的命运属于我们自己。我们是自己生活的主人。也许我们只需要把新男性想象成幸福人类的模样就够了？

一张图胜过 14 927 个字

尽管决定性别行为差异的并非生理原因,但这并不意味着人们能在短时间内让这些差异随意发生变化。事实与此恰恰相反。

爸爸:一款第一人称射击游戏

我们希望通过调查了解一个问题:"您与其他父亲交流想法的频率如何?"调查结果是:将近2/3的父亲会将他们的经历、担忧与幸福时刻留给自己。[16]

各项所占百分比

6	29	36	17	10	2
非常频繁	比较频繁	不太频繁	完全不频繁	从不	不详

禁忌游戏

四岁男孩玩洋娃娃或玩具厨房等"女孩玩具"的时长比例——取决于他们认为自己是独自一人,还是认为有人在看他们。[96]

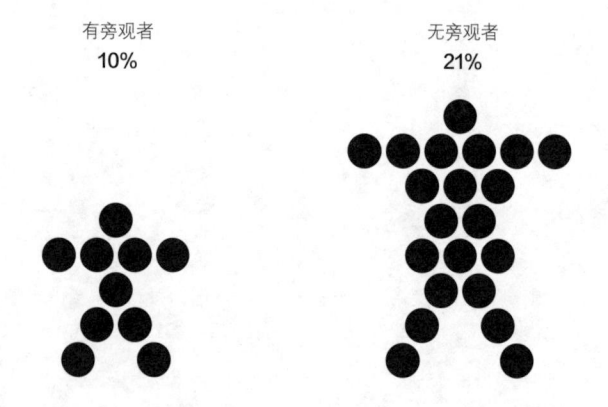

有旁观者
10%

无旁观者
21%

—— 第三章

女性主角
1325

男性主角
3450

言外之意
通过对法兰克福大学青少年读物研究图书馆目录中收录的5万册德语绘本、童书及青少年读物进行分析,研究人员发现,儿童读物中的男性主角与"冒险"或是"冒险故事"等关键词的关联频率几乎是女性主角的3倍。[89]

第四章

"她不让我插手"

母亲守门员效应—直升机式育儿—"男人的事儿"

普伦茨劳尔贝格街区是真正的家庭天堂。无数精品店与快闪店保证了纯素吸吸果泥与"北欧设计"换尿布台的基本供应,新铺设的人行道宽到可以让两辆婴儿越野车并排行驶,而毒贩们要到天黑之后才会在绿地上现身。一切都是如此美好,但很可惜,"孩子妈在看着你呢"[111]。

2021年夏天,新闻杂志《明镜周刊》在一篇封面故事中指出,是女人阻碍了男人成为积极主动的父亲。据称,女性会在养育孩子和操持家务方面压制丈夫,举个例子:她们会先对普伦茨劳尔贝格的父亲中心进行检查,然后才允许丈夫带着两人共同的孩子去那里玩耍或与其他父亲交流心得。再举几个例子:她们会给带着孩子在游戏场上玩耍的丈夫打电话查岗,确认有没有给孩子涂防晒霜;如果丈夫们去超市时买错了尿布牌子,她们会对其严加批评。一位父亲这样悲伤地形容他作为婴儿游泳课上唯一一位父亲的经历:"妈妈们倒不是不友好,但她们根本不关心我啊!"

这种现象的学名叫作"母亲守门员效应",而这篇关于这一现象的文章引发了一场争论。作家安妮·迪特曼在《世界报》上发表了一篇文章，题为《振作起来吧，爸爸们！》。在这篇文章中，迪特曼建议更多地讨论"父亲失职"，毕竟宝宝们经常穿着该换的尿布、身下被屎尿弄得湿漉漉的："而最后起身收拾的又是谁呢？"[112] 记者特蕾莎·比克尔将母亲守门员效应描述为一种"反女权主义的框架，它使男性不必担负起自我解放的责任"[113]。长期以来，普伦茨劳尔贝格一直是观察并讨论德国家庭政策的多棱镜（这当然要感谢无数驻扎在首都的记者，他们喜欢将自己的日常观察变成全国性的讨论）。例如千禧年前后，有传说称这个区是德国出生率最高的地区[114]（但其实出生率最高的地区是下萨克森州的克洛彭堡[115]）。所以说，现在让"时髦老爸"们远离厨房与家庭的是"霸总妈妈"。《明镜周刊》在封面故事中声称，父亲的付出往往"被小瞧、被忽视，甚至遭到了讽刺"。但社会变革如此缓慢的核心原因真是这个吗？

> 当我们和家人朋友坐在一起聊起孩子时，我总觉得我这个当爹的有点被忽视了。这样硬扣刻板印象是不对的。这是一种针对男性的日常性别歧视：人们既不认为育儿是男性的责任，也不让他们担负起这个责任。
>
> ——格奥尔格，31岁，自由职业记者
> 莉娅-玛蒂尔达（1岁）的父亲

自20世纪90年代末以来，母亲守门员效应一直是家庭研究领域的重要话题。母亲守门员效应指的是母亲通过言语或举止控制甚至阻止父亲参与家庭事务或与子女互动，这些言行可能是有意识的，也可能是下意识的。这并不是什么新鲜话题，毕竟说到这个问题，人人都能想到那么一两件趣事。母亲把婴儿从父亲的臂弯中拽出来："别抱了，我来吧。"或是为父亲给孩子选择的衣服道歉："说实话，格子跟条纹真的一点都不搭，但他显然不这么觉得。"

窥私癖与人类学

尽管人们吵得热火朝天，但母亲们的守门行为显然不是阻碍男性更多参与到家庭生活中的主要原因，恰恰相反，它是这一现象可能造成的结果，毕竟到目前为止，男性依然只是时不时地在家庭生活的边缘地带出现一下（参见本书第一章）。研究这一现象的科学家也强调了这一点。除个人决定之外，传统的性别角色与政府的控制手段也同样造就了这样一个事实：在大多数关系中，母亲是孩子的主要照顾者，至少在产后的头几个月如此。随着时间的推移，母亲还会积累一套专业知识（参见本书第五章）。毕竟，虽然孩子在母亲的肚子里待了十个月，但她并不能因此自动学会如何正确地抱孩子，或是如何在不伤害孩子脆弱脊柱的情况下给孩子换尿布（参见本书第二章）。因此，当父亲们在几个月后担负起更多的责任时，他们往往要面对一整套多多少少能让他们战胜混乱场面的流程与标准。就这样，这套"专家—业余选手"的不对等关系覆盖了至少表面上平等的夫妻关系。在经历了几个月的彻夜难眠与力不从心之后，许多母亲更相信"万无一失",而不愿意选择"大撒把",这难道不是很好理解的吗?要父亲们克服或真或假的批评、坚持完成与孩子建立深厚感情联结这项终生事业,这个要求难道太过苛刻吗?与其两手一摊,哀号"她不让我插手",不如卷起袖子,征服未知的领域,"向前一步"[①]这个口号同样适用于各位爸爸。

> 我们从一开始就分工很平均,所以我们都学会了各种技能。这个模式本身就很好。当然,我们二人的性格对此也有影响,我俩中有一个更完美主义一些。但归根结底,最重要的是完成工作。这就需要你努力让心态放松一些:只要孩子不遭罪,一切都没问题。
>
> ——罗布,35岁,飞行员
> 一个1岁男孩的父亲

与此同时,母亲守门员效应也是导致现状固化的一大因素。例如,在最近进行的一项调查中,半数以上的受访女性表示,如果不是非和伴侣协商不可,她们往往会选择直接接手一些任务。[116]通过一项长期研究,希腊德裔心理学家瓦西里奥斯·E. 弗塞纳基斯得出结论:约有1/5的女性会通过守门行为阻止父亲参与家务与育儿活动。[117]而这有可能造成深远的影响:美国心理学家莎拉·绍普-沙利文进行了一项研究,正是这项研究引发了过去几

[①] 此处原文为"Lean In",为脸书(Facebook)前任首席运营官谢丽尔·桑德伯格(Sheryl Sandberg)在同名励志著作中提出的口号。

年中有关母亲守门员效应的论战。研究结果表明，如果父亲在孩子出生后前几个月里经常遭遇孩子母亲的批评或防御性行为，他们在6个月后照顾孩子的可能性会大大降低。为此，研究小组对182对异性恋双职工伴侣进行了两次观察与访谈，一次是第一个孩子出生3个月后，一次是孩子出生9个月后。研究人员这样定义父亲的参与质量：他是否能辨认出孩子的需求，并做出相应回应？他是否和孩子一起开怀大笑，让孩子感到亲近与温暖？研究显示，这些方面都会受到母亲守门行为的影响。父亲一开始能把孩子照顾得有多好并不重要，重要的是母亲做出防御性反应的频率。[118]

> 在我看来，我俩都很会安抚孩子，但她更擅长给孩子穿衣服。如果硬要我给孩子穿上连体衣、再给他套上裤子袜子，他准要跟我大闹一场。换成我妻子，她只要三个动作就能给他穿得齐齐整整。我自己也不明白到底是咋回事，但不知道为什么，她干和我干就是不一样。
>
> ——扬，30岁，视频制作人
> 一个1岁男孩的父亲

在真人秀和社交媒体尚未大举入侵的21世纪初，加利福尼亚大学启动了一项研究，这项研究后来被《纽约时报》称作"史上最具窥私性的人类学研究"。在长达三年的时间里，研究人员追踪记录了32个美国双职工中产家庭，用1540小时的视频资料记录了这些家庭的日常生活。尽管时间已经过去了将近20年，但现如今，要想协调好二人的两份有偿劳动与第三份工作——操持家务——依然很不容易：做饭、采买、打扫屋子、个人卫生、业余活动。角色太多了，任务也太多了。"协调工作比排戏还复杂。"此项研究的带头人，加州大学洛杉矶分校的人类学家埃莉诺·奥克斯这样告诉《纽约时报》，"而且日常生活没有彩排。"由于当时还没有现在的智能设备与无处不在的全球定位芯片，学生们只能靠手写来记录这些家庭的行为，冲突与争吵发生的频率之高让他们震惊。他们表示，这项研究真是"最有效的避孕药"[119]。

母亲平均要花费26%的时间做家务，而父亲们则花费14%的时间；在照顾孩子、料理家事方面，母亲们要投入39%的时间，父亲们投入的时间比例则为23%。[120] 在家时，母亲们会用13%的时间稍作喘息，研究人员将这部分时间归类为"休闲时间"，而对父亲们而言，这样的时间则要占到21%。[121] 收集到的数据也展示出了一个有些令人不快的事实：即便妻子和孩子在家，父亲也经常独自一人待在房间里。[122] 20年后的今天，这些数据依然与现实情况非常吻合。

> 我的第二任妻子和我的女儿经常取笑我发呆这件事儿。她们说："哦呦，他又回到他自己那个小世界里去了。"但能够随心所欲地说"嘻，我现在对这些都不感兴趣，我要回我的脑内世界去了"这也是一种特权。如果我全神贯注地陪伴她们，那我和孩子的关系就会截然不同。
>
> ——弗朗茨，45岁，理疗师
> 崔西（14岁）的父亲

第四章

除此之外，研究人员每天要采集四次被试的唾液样本，检测他们的压力激素皮质醇的水平。父亲们下班回家后时间越久，样本中测得的皮质醇水平就越低——换句话说，他们能够在家里放松下来。但母亲们的压力水平并没有降低，显然，对于她们而言，家务劳动与日常职场带来的压力至少是相当的。只有当她们看到丈夫开始做家务或是照顾孩子时，她们的皮质醇水平才会开始下降。[123]然而，如果分担工作能减轻母亲的压力，那母亲守门员效应造成的现象为何依然无处不在？

第三次女性主义浪潮中的女权主义者艾米·理查兹在她的著作《自愿加入：生孩子，但不失去自我》中提出，女性几乎每时每刻都在各个方面遭受吹毛求疵的批判，比如她们的聪明才智与决断自信，"但女性的母亲本能却很少遭到质疑，于是她们选择紧抓着这一项职责不放"[124]。守门行为也许并不是母亲们对于父亲们的粗心大意甚至危险行为的保护性反应（目前没有研究能够证实这种联系的存在），而是母亲们为自己设定的极高标准的体现。她们之所以会这样做，并不是因为她们觉得这样好玩，而是因为好母亲的思想体系在21世纪依旧盛行，正如教育学研究者玛格丽特·施塔姆所写的那样："如果父亲一大早带着没梳头的女儿去上幼儿园，人们不会觉得这是父亲的疏忽，而会认为是母亲的疏忽。如果孩子的行为上出现了问题，那一定是因为母亲上班的缘故。于是女性必须证明，自己即便全职工作，也一样是个好母亲。"[125]但父亲们则没有类似的压力。我们很容易"看得很开"（前提是不危及孩子的生命健康），并且庆幸自己是那个"宽松的家长"。来自内部与外部的压力分裂了夫妻，让双方忽然发现对立已经到了不可调和的地步：你为什么就是看不到问题？你为什么每件小事都非要上纲上线？

清闲的性别

我从不认为我的妻子在积极阻止我参与家务或者照顾孩子。然而——让我想个委婉的说法——有些时候，对她而言，想要不评价我的行为或者消费决定是很难的。举个例子：有一次，她去另一个城市待了几天，孩子们想烤个蛋糕，等她回来时给她一个惊喜。于是我把两个女儿从幼儿园接了回来，因为我不太确定家里的原料齐不齐全，所以我们又去买了面粉和香草糖。当我妻子回到家走进厨房时，她最先注意到的并不是糖粉上印着小手指印的蛋糕，而是那包陌生的面粉："咱储藏柜里有面粉啊，还有自制的香草糖呢。"也许她只是想给我提供一些实用的信息，但在这样的时刻，一句恶狠狠的"真他妈见鬼了"从我的脑干里冒出来了。在这样的场景中，我们的行为都很符合刻板印象：男性过于放松（连家里的储备情况都不知道），而女性则近乎控制狂（对鸡毛蒜皮的小事耿耿于怀）。但最后烤好的蛋糕还是端上了桌，孩子们沾满巧克力的嘴角咧到了耳朵根。这不是一切都很好吗？

我给孩子穿衣服的频率甚至可能更高些，因为我妻子早上很少露面，有时候她会把孩子要穿的衣服拿出来在外面摆好。两个三岁的小闺女想要自己决定穿什么，而我妻子则很在意衣

第四章

服穿得配不配套。我的想法则倾向于:"好啊,很大胆的选择,但都可以穿,就这么去上幼儿园吧。"

——丹尼尔,37岁,创业公司老板
一对3岁双胞胎和一个5岁男孩的父亲

无论是肢体动作、轻声叹息,还是投向购物袋中买错或买多商品的嫌弃一瞥,都在告诉对方"你没有达到我的预期"——而大量心理学研究表明,较低的期望值确实会影响人们的表现。20世纪60年代,哈佛大学的心理学家罗伯特·罗森塔尔在加利福尼亚州的一所学校进行了一项著名的实验:他向这所学校的教职员工宣布,他通过测试发现,某些学生的智商特别高。在下一学年中,这些学生确实名列前茅。直到这时,罗森塔尔才告诉老师们,这些所谓的"天才学生"其实是他随机挑选出来的。"让学生们的成绩突飞猛进的并非某种先天的优势,而是教师对学生潜力的信念。"科普记者凯瑟琳·艾莉森在一篇文章中这样写道,这篇文章详细地介绍了所谓"皮格马利翁效应"背后的文化历史。这一效应得名于希腊神话,在这个神话中,一位雕刻家用他纯粹的欲望与爱意让一尊石像获得了生命。"当时,大多数科学家依然认为,智商高低是由基因决定的,而且终生不会发生改变。这项测试则向学生们展示了更为乐观的新一面。"艾莉森这样写道。只要在所处的环境中接受相应的教导,人人都可以拥有无限潜能。好美的美国梦。在之后的几十年中,皮格马利翁效应在大学、军队与企业中屡屡得到了验证。但问题在于,这种效应只有在教师或军官从第三方口中得知其学生/下属拥有所谓的杰出才能并且不知道自己被骗的情况下才能发挥作用。[126]

这个结论能同样运用到普伦茨劳尔贝格、克洛彭堡的家长们或是我和妻子身上吗？如果哈佛大学的研究人员（那可是哈佛大学！）告诉一位女性，她的丈夫是个模范的称职父亲，她会不会减少自己的守门行为？她能不能更信任自己的丈夫？夫妻二人的团队合作会更好吗？这该是一个多么激动人心的实验啊。可以肯定的是，我们的态度和想法影响的显然不只是我们的大脑。"家务劳动规范的改变进程总是很缓慢，因为它们建立在循环过程的基础上。"美国心理学家达西·洛克曼这样写道，"如果我们的基本预设就是男性比较无能，那他们往往确实无法完成任务。"[127]玛格丽特·施塔姆也在书中写道："如果男性总是受到批评，或是难以达到女性对他们的期待，他们就会减少自己的参与，或是在办公室待得更久。"这样做会造成一个后果：一种"习得性无助"变成了他们的"自我隔离策略"。[128]

> 我的大儿子出生于2005年左右。那会儿我是他幼儿园家长协会里少有的几个男性之一。因为我当时还很年轻，又是单亲爸爸，所以我经常在会议上感到一种落差，我感觉没有人重视我的意见，或者说，在刚开始感到被人排挤之后，我就不再主动表现了。如今，当我带着我家两个小孩子去幼儿园时，我遇到了更多的父亲。在过去这几年里，情况的确发生了一些变化。
>
> ——斯特凡，38岁，信息技术专家
> 三个孩子（2岁、4岁、15岁）的父亲

这种自我幼化的形式在男性空间里非常常见，比如老派男子足球队的更衣室：二十个汗流浃背的大老爷们儿互相拍着彼此长满体毛的后背，称赞对方在球场上踢球的英姿（或是嘲笑彼此又老又慢）。再来杯啤酒？"这我得请示一下家里的女领导。"又或者是："我想倒是想啊，但家里人要跟我闹的。"态度就像是十几岁的孩子说起家里严厉的家长。我们该长大了。而说到底，长大意味着不再寻找拙劣的借口，不再将自己的失败归咎于他人（比如你那不知道是否真有缺点的伴侣）。

父亲：受歧视的少数群体

还有一种心理机制也可以对男性表现不佳做出解释，至少做出部分解释（解释不等于借口，我想这话我已经说了不知道多少遍了）。这种机制就是"刻板印象威胁"：如果有人担心自己的行为会印证其所属群体的负面刻板印象，这个人就会因感到压力而表现不佳。下面这个实验就是很经典的案例：一群天赋水平相当的大学生参加同一场数学考试。通常情况下，男大学生和女大学生的成绩相差无几。然而，如果研究负责人在考试开始前特意指出，男生与女生在这个考试中的表现有所差异，女生的成绩就会出现显著下降，而且在场的男生数量越多，成绩下降的幅度就越大。[129] 这种效应在不同的情境中都得到了体现，例如必须通过学术测试的寒门学生、必须与非裔运动员在体育比赛中同台竞技的白人大学生、必须在女性主导环境中展露出同理心的男性。因为人们害怕自己符合现有的刻板印象，他们的压力水平就会上升,而动力与对自身能力的期望就会降低,刻板印象也随之变成了现实。

根据加州大学洛杉矶分校上述研究的思路,父亲从事的家务劳动要比他们的妻子少,空闲时间是对方的两倍,所以父亲们是深受刻板印象和歧视折磨的弱势群体——这思路听起来可能有些奇怪。但与此同时,如果你是幼儿园亲子下午活动上仅有的两位父亲之一,身边坐着二十位妈妈,而外面突然下起了雨,作为男人,你此刻承受的压力可是实实在在的:我给孩子带雨裤了没?尽管我接孩子的次数比我妻子多,但为什么我比她更难打入幼儿园的妈妈圈子?显而易见,这是因为我跟人交换联系方式、编织人际关系网的手法不够自然。但这也是因为妈妈们已经从经验中了解到,爸爸们一般对孩子相约玩耍这种事情不感兴趣。

到底要怎样才能冲破刻板印象的牢笼呢?斯坦福大学的心理学家杰弗里·科恩正在研究一种干预机制,从而让人们更好地战胜刻板印象所造成的威胁,例如他会让被试列出生活中对他们特别重要的事情:社会地位、艺术天赋,或是给孩子的陪伴。这个简短的练习就像是一针"加强自信的心理疫苗",这样做完之后,人们就能更好地抵御刻板印象所带来的威胁。另一种方法则是告诉被试,其他人也有类似的经历,他们并不是一个人在战斗,他们完全有可能成功。[130] 什么样的"心理疫苗"能让男性战胜他们对自己在家务劳动中失败的恐惧呢?在幼儿园下一次举办亲子下午活动之前,我是不是该拉张单子,历数一下我喜欢做且擅长做的事情?比如编儿歌?当人形攀爬架?在怪物钻到床下时英雄救美?这能让我不那么害怕"雨裤大危机"吗?或者说,其

―― 第四章

实我更应该时不时找我妻子聊聊那些令我手足无措的情况——然后发现她跟我英雄所见略同？然后一切就豁然开朗了？有些时候，迷失与无助的感觉往往会转化成一种攻击性的冲动，但其实父母双方都会有这样的感受。

把门打开

"守门员"（Gatekeeper）也可以按照字面意义翻译为"看门人"，他们的任务不仅是无时无刻守卫神圣的内部空间、抵御邪恶的外部世界侵袭，更是在适当的时候打开或关闭大门。通过这种方式，社会管理员（sozialen Kurator）影响着酒吧与舞池的风格与文化。因此，对母亲守门员效应的研究不仅关注防御性措施，更注重对"关门"（批评）与"开门"（表扬或鼓励——尤其是有第三方在场的情况下）进行区分。在莎拉·绍普-沙利文的研究中，心理学家还对夫妻们进行了访谈，从而了解母亲守门现象如何改变父亲对夫妻关系及家庭的看法。研究者会首先在孩子出生三个月后对父亲们进行询问，了解他们在育儿问题上受到伴侣批评或表扬的频率如何。三个月后，研究者会再次采访这些男性。男性越是感觉自己受到妻子的鼓励，他们对自己育儿能力的评价就越高，与妻子的关系也就越亲密。研究作者认为，男性并不会将"你想负责给孩子洗澡吗？"这样的话视作是对当前状态的批评（"你做得还不够！"），而会将其视作一种支持。而这就让人感觉很好。被试不再感觉自己像是母子二人世界的局外人，而是感到育儿的团队协作与浪漫关系都有所改善，如上所述，这也会反过来降低女性的"守门"倾向。[131] 如果人们能抛弃男性作壁上观、水平不足的刻板印象，就能开启一套自我强化的积极过程。当然，这并不是说女性的任务是充当励志教练，邀请男性入伙并且赞美他们。但承认爸爸们（还有妈妈们！）的成就、在事情进展顺利时一起欢欣鼓舞，这又有什么错呢？只有敞开大门，才能迎来新的机遇。

> 有些下午，我们会在幼儿园放学后一起去简单采购一番，然后我儿子会坐在浴缸里玩他的小船，一玩就是一个小时。在我看来，这也是很好的。我只要能陪在他身边，或是帮他做一些事情，甚至只是让他自己忙活一阵，这就足够了。
> ——弗洛里安，39岁，教练兼播客创作者
> 　　　　一个孩子（5岁）的父亲

由于各种原因，"专家妈妈"与"学徒爸爸"之间的等级落差非常稳定。社会学家科尔内利娅·科佩奇等专家认为，一些女性需要更强的"对混乱环境的忍耐力"，甚至不无挑衅意味地补充说，那些不具备这种能力的女性"只能永远做家庭主妇"[132]——当然，她的这句话某种程度上也印证了无能父亲的刻板印象。但这并不意味着超人妈妈们应当摆脱内在与外在的束缚，去学习那些酷爸爸。在一段关系中，有效标准不该由任意一方单方面决定，而是需要进行长期的交流。也许你们定下了最低标准（一天一顿热饭）；也许你们为可以接受的行为划定了一片范围；也许你们交流了小技巧以及现在商业宣传话术中所说的"最佳做

法"或是"生活小窍门",并且相互学习。

要想摆脱刻板印象与它带来的束缚,最好的办法就是定期转换角色,换个角度看世界。"如果父母双方都是全职工作,这反而有利于平等分配育儿与家务劳动。"经济学家卡塔琳娜·弗勒利希这样认为。这话说得可太对了。虽然我很想告诉自己,是我的内在驱动力让我从"束手束脚的父亲"变成了"充实的父亲",但这与我妻子在一家诊所做着一份80%时长的兼职工作(相当于普通人120%的工作时长)有很大关系。有时候我要出差几天,有时候她周末两天都会泡在诊所里。我们都知道,在这段时间里,我们家是不会被烧成平地的。同时,我也开始学着用皱纹纸做装饰品,客厅的窗户上贴着几只平面的小鸟。这或许是人类的一小步,却是我的一大步,毕竟把一张A4纸叠好塞进信封对我而言都经常是件难事。如果我的妻子在手术室里忙碌了一天,她到家后做的第一件事不是把脏盘子放进洗碗机,而是把它交给当天的家务值日班长;当我的女儿一大早找我们要小熊软糖吃,或是要我们放一集《汪汪队立大功》给她看时,她最近经常口误:"妈爸,我能不能……"当然,我可能过度解读了,但你看,她这个口误展示出的正是一种全新的理想状态:家中的主要照顾者既不是妈妈,也不是爸爸,而是父母双方。这可是个好兆头。

男人们在做自己该干的事儿吗?

当然,父亲和母亲不该变成一个人形混合体。牛津大学的安娜·马欣教授说:"进化会避免冗余。"——因为那会浪费能量,是一种死罪,在"适者生存"的永恒游戏中更是致命。马欣指出,通过对与孩子互动的男女大脑进行研究,研究人员发现,母亲和父亲从一开始就扮演着不同的角色。"在母亲们的大脑中,首先激活的是大脑边缘系统,这里控制的是感情、关爱与守护。"马欣这样表示。而在父亲们的大脑中,"激活的则是新皮质,这里掌管的是社会认知、社会互动与沟通、计划、推进与挑战"。马欣认为,母亲与孩子的关系指向内心,而父亲则更有将后代推向外界的冲动:"这关系到孩子们如何发现世界、如何应对风险,甚至是如何面对失败。"[133]

听到这儿,你可能又想要摊开双手抱怨了:"怎么又是一个糟糕的刻板印象啊!"父亲既是老师又是鼓励者,将摔跤当成拥抱,为孩子能考上大学不遗余力,却对孩子是否情场失意一无所知。马欣这样写道:"在孩子学业上能否成功、能否在复杂的世界中生存下来这两个问题上,父亲们扮演着独特的重要角色。"[134]压力好大啊!

> 我的妻子希望我能自己掌握这些知识,不要什么事都问她。她不想让我追着她问,怎么给孩子冲奶粉、怎么调出合适的温度、怎么抱孩子、家庭药箱里都有什么。她想让我自己去了解这些信息,于是我开始在网上进行搜索,可我只找到了面向妈妈们的网站。我不禁想问了:为什么没有给爸爸们的网站呢?
>
> ——凯,50岁,自由职业者
> 米卡(10岁)的父亲

第四章

十二岁那会儿，我和母亲还有弟弟住在一间阁楼公寓里，我那时有个习惯，喜欢深夜从公寓的窗户里爬出去，去倾斜的屋顶上躺着。夏天的时候，这么做特别爽。瓦片上还残留着白天太阳的余温，星空近在咫尺，附近有条小河潺潺流过。这里特别适合琢磨一些课程表和电视节目上没有的大问题。我至今还清楚地记得，曾经有一个问题像流星划过天际一般在我的脑海中一闪而过："当个大人，理解世界的运行规则究竟是什么滋味？"我一阵心慌，真是太期待了。在苦等了几十年后，我终于意识到，顿悟的时刻很可能并不会到来，我们只能希望自己根据不充分的数据得出的假设并不会偏离现实太远。"人永远是门外汉。"马克斯·弗里施曾这样写道。[135] 我的大女儿出生前后那阵子，我一直被这个想法搅得不得安宁。如果这个世界在我眼中还是个谜，我又该如何向她解释这个世界呢？

现在我放松很多了。跑步？完毕！聊天？完毕！骑自行车？当然了！我们自然也会犯错，但没人会注意到，毕竟孩子们对什么都觉得新鲜。在接下来的几年里，我们得帮孩子学会高等代数，或是帮他们在社交媒体的恐怖镜子屋中形成稳定的人格。但最大的挑战可能是让他们做好准备，应对没有说明书的生活。要让他们有一种安全感，让他们相信可以靠自己找到几乎所有问题的解决办法。（毕竟在全世界将近八十亿人中，他们显然是最棒的。）要让他们相信，如果他们需要我们，我们会一直陪伴在他们身边——更准确地说，希望我们能长长久久地陪伴在他们身边。

和大多数父亲一样，我也倾向于带孩子参与研究人员口中

"以身体为导向的积极活动"，比如把两个小女儿扔来扔去再接住她们、扮演她们的独角兽坐骑，或是在森林里搭窝。这该怪基因程序吗，还是该怪我脑内的图画书：我和父亲拿着大锤在采石场寻找宝石与化石？这能怪外界环境吗？"父亲在家的时间依然比母亲要少。他们与孩子在一起的时间更短，但他们与孩子一起参加的活动往往更激烈。"心理学家兼人类学家瓦西里奥斯·E.弗塞纳基斯在一次采访中曾这样表示，"打闹可以培养孩子们的同理心，他们会学会控制自己的冲动，学会与玩伴好好相处，从而让双方都能在游戏中获得乐趣。"[136]父亲和母亲之间存在差异，但这也许是一件好事："对于孩子们来说，差异体验很重要。"奥地利心理学家哈拉尔德·韦尔内克说，"这样他们就会知道不同的照顾者会有不同的反应，这能让他们日后更好地适应不同的环境。"

例如，维也纳的一个研究小组调查了男性与女性如何给自己一岁大的孩子读绘本，然后对孩子的主动词汇量和语言理解能力进行了测试。[137]研究人员发现，如果母亲给孩子们展开解释绘本中的故事，孩子的语言理解能力会更好。[138]影响母亲朗读风格的是她们与孩子之间的情感联结，而父亲的教育水平则决定了他们解释故事时的用词选择与朗读方式。研究显示，父亲往往会用拟声词或是肢体动作来丰富绘本的故事情节，从而影响孩子的想象力与主动尝试意愿。

在父亲对儿童的语言发展有着特殊影响这一现象背后，其实还藏着另一个原因，而这个原因乍一看可有些令人不快：正是因为父亲与孩子接触较少，也不像母亲那样经常能够理解孩子在问

第四章

什么问题,所以才会出现具有挑战性的场景,从而让孩子学到新东西。[139]

心理学教授莉泽洛特·阿纳特发现,父亲对孩子的重要性不仅体现在角色扮演与马戏表演上。她让一组参与测试的父亲在手机上下载了一个应用程序,这个程序会随机要求他们说明自己现在正在和孩子一起做什么。"结果显示,那些几乎不参与所谓有教育价值的活动的父亲也能很好地发展亲子关系。"阿纳特在接受采访时这样表示,"对孩子们而言,重要的是在日常生活中感受到父亲的存在:当他们晚上做噩梦时,父亲会来到床前保护他们;有时父亲也会花时间去幼儿园接他们,或是打破其他日常惯例。"[140]

这并不是什么令人惊奇的发现,但也并非理所应当。在所有这些研究中,让我印象最深的发现是这个:粗野的游戏并非男性的专属领地。弗塞纳基斯报告称,"全职工作的母亲也会倾向于用这种方式与孩子互动"。[141]随着环境的变化,角色也在不断变化。

我们都很向往自由。对我妻子而言,怀孕后的这两年里她就是很难跟朋友一起出去玩。尽管我经常向她提议:"嘿,完全没问题的,我在家陪他,你出去玩一晚上,去你闺蜜家睡呗。"我之前一个人跟小家伙过了一晚,他一样平平安安的。但她说那样会让她有负罪感,她不能也不会这样做。这让我说什么好呢?

——扬,30岁,视频制作人

一个1岁男孩的父亲

大胆自私些

2021年,大多数男性表示,他们想要在有偿劳动之余参与家务劳动——但他们只在有限的范围内实现了这一要求(参见本书第一章及第六章)。但另一方面,时至今日,女性希望并应当在家庭之外实现自我,却依然背负着无懈可击的家庭全能女神的理想。这两种情况都体现了当今世界与人们价值观的脱节,而这总是令人痛苦。这种冲突并不能仅仅依靠让男性承担更多的家务劳动来解决(虽然这确实能有所帮助)。"我们生活在系统之中。"研究母亲守门员效应的专家绍普-沙利文这样说,"要想走出死胡同、走向更为平等的未来,就需要家中不止一方做出改变。"[142] 换句话说,只有社会——以及母亲们自己——不再觉得女性的一天有48个小时,她们才能找到空隙与空闲,让真正的新鲜事物发展起来。自相矛盾的是,男性或许可以在这方面充当榜样,向女性证明这样做完全可行:一个人找个房间独处片刻,只想着自己就好了。大胆自私些吧!这样你也能意识到,你的伴侣也在用他自己的方式这样做这件事呢。这才是终极的"把门打开"!也许女性也会觉得这个想法很有诱惑力?母亲需要新派父亲,新派父亲需要新派母亲,而孩子们则需要双亲共同的陪伴。

一张图胜过 11 772 个字

新派父亲希望积极参与,但依然没有完全做到位。
这种情况自有其后果。

其实我们自我感觉很良好

在一项问卷调查中,几乎2/3的父亲都表示,他们并不经常(甚至从来不会)因为没有投入足够的时间或精力照顾家人而感到内疚。[174]

各项所占百分比

非常频繁	比较频繁	不太频繁	完全不频繁	从不	不详
6	27	34	16	14	3

表象与现实

在调查中,许多父亲表示,为了照顾孩子,他们想少工作一些。但事实嘛……[10]

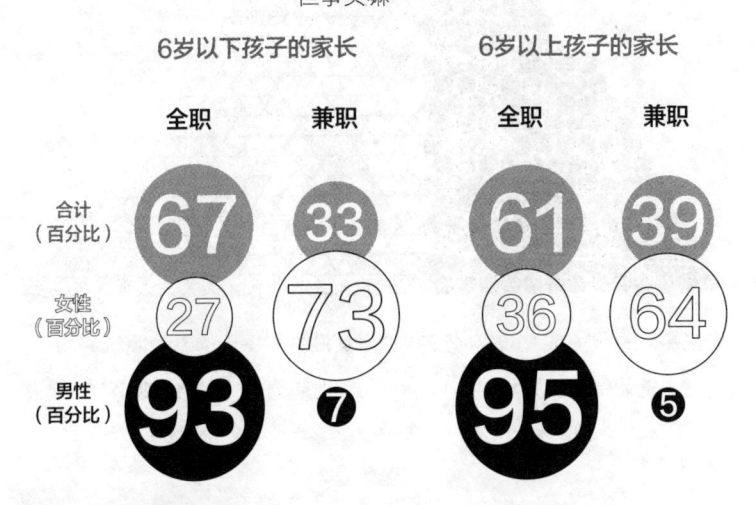

	6岁以下孩子的家长		6岁以上孩子的家长	
	全职	兼职	全职	兼职
合计(百分比)	67	33	61	39
女性(百分比)	27	73	36	64
男性(百分比)	93	7	95	5

是不是该内疚一下了啊?

● 男性完成的1分钟无偿照料劳动

○ 女性完成的1分钟无偿照料劳动

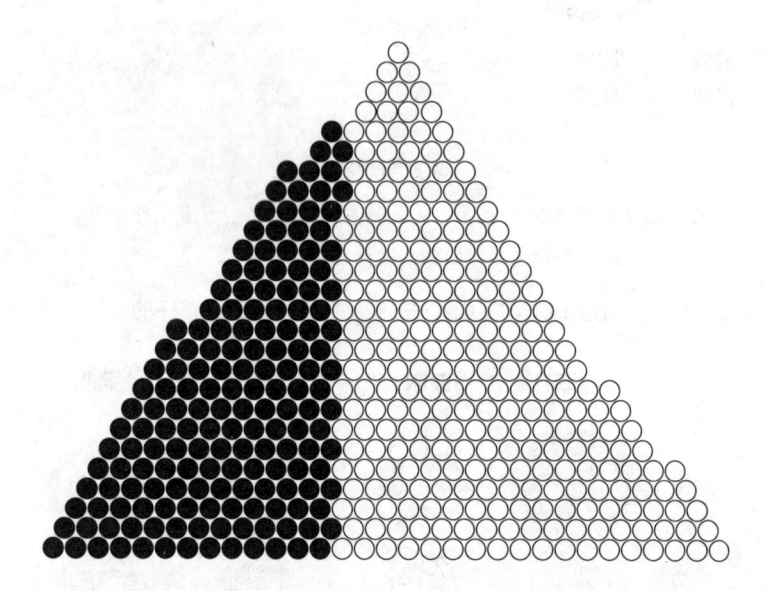

男性平均每天完成2小时46分钟的无偿照料劳动。

而女性平均每天的无偿照料劳动时长为4小时13分钟。[33]

第五章

"我们俩就是这么说好的"

伴侣文化—规则框架—变革的压力

人飘飘欲仙时真的不该做重大决定。那是预约超声波检查的大日子：黑白灰的线条与形状在妇科医生诊所的屏幕上浮现，就像水晶球里渐渐清晰的未来图景。自从做完这次检查，我在街上漫步时总是如痴如醉，童装店与玩具店随处可见，未来似乎既遥不可及又近在咫尺。一次散步时，妻子对我说："生完孩子后，我想在家待一年。"我当时立刻答道："当然可以啊。"在当时的我看来，满足这个愿望是理所应当的。毕竟作为自由职业记者的我工作非常灵活，因为我很爱她，更不想妄自菲薄，认为我能够完全理解一位女性（我的妻子）与腹中胎儿之间的情感联结。

现在回想起来，我当时的反应那么漫不经心又前后不一，简直让我吃惊。如果我妻子告诉我的是她喜欢的客厅墙壁新颜色或是度假目的地，我不会立刻回答"当然了，宝贝，就这么干！"，而是会权衡利弊，然后努力和她达成一致。我自行退出育儿津贴规划这件事情可能说明了我在某种程度上相当喜欢"独自养家糊口的男人"这一古老角色，我在不自觉地向神圣的母亲理想致敬，或许不用过分关心这件事情也让我觉得挺自在的。

曾几何时,《民法》规定了男女各自的义务。如今,各个家庭至少在理论上拥有了自由决定的权利,可以自行决定如何分配一天更比一天长的待办事项清单上的各项任务。然而,这幅家庭组织结构图的开端并不是白纸一张。这幅图很多方面的轮廓都已经勾勒出来了,我们会半自觉、半不自觉地按照过去的模板行事,选择按图索骥,而不是发挥创造力、自由地生活。是什么因素在支配着我们?要想做出真正好的决定,我们要先了解什么?

自由选择的幻觉

孩子的出生会让你焕然一新。这陈词滥调简直太恐怖了,没有人会想把这句话印在T恤衫上,但这确实是事实。在你有孩子之前,你想象不出孩子会给你的生活带来什么样的改变、会让你产生什么样的感情、会让你如何适应并重设自己的习惯和需求。你唯一的数据来源是你身边的环境,是你朋友圈里那些已经为人父母的伴侣。不过,尽管我在其中许多人身上实时目睹了性别关系的再传统化(这简直像社会学在现实生活中的实验室),当年的我依然不担心我俩也会突然"变异"成传统夫妻的模样。

我就要当爸爸的消息让我震惊不已。当时我俩都还很年轻,我如今的妻子当时正在巴塞罗那读她的"伊拉斯谟"交换学期,她的公寓离海滩只有五十米。其实我俩当时是想在那儿好好玩玩的,但事情的发展却出乎了我俩的意料,许多大问题

---- 第五章

一股脑儿地冒了出来,而我俩压根儿没有一个具体的计划。

——亚历山大,31岁,销售经理

马泰奥(2岁)与菲丽娜(4岁)的父亲

也许还有一个原因:人们往往很难想象自己将来会经历具有决定性的变化。心理学家霍尔迪·科伊德巴赫将这种现象称作"历史终结的幻觉":他和两位研究人员在调查中发现,尽管人们承认自己在过去经历了很大的变化,但他们并不觉得这种过程会在未来持续下去。这篇科学论文冷静地指出:"人们会低估自己未来的变化幅度,这就导致了非最优决策的出现。"[143]这正是我们当时的感受:我俩彼此熟悉、彼此相爱,能出什么问题呢?

短暂又漫长的时光

12个月其实并不长。365天。8760个小时。和德甲联赛的一个赛季一样长(拜仁慕尼黑在这个赛季中屡屡获胜),也和两次联合国气候大会之间的间隔时间一样长——而在这段时间里,全球的二氧化碳排放量并没有出现本质性的下降。新闻层出不穷,变化却微乎其微。与此同时,12个月也是一段很长的时间。365天。8760个小时。粗略估计一下,孩子出生第一年要吃几千顿饭、做几千次哄睡仪式,再加上包括婴儿感冒和胃肠绞痛在内的各种危机。这样看来,我们有足够的时间建立一套固定的流程、琢磨秘密诀窍、为家庭剧场创作角色,然后雷打不动地扮演下去。

尽管孩子已经6个月大，而我们也都对《每个孩子都能好好睡觉》一书进行了粗浅的研读，但孩子依然会每晚醒来好几次。在家庭这家公司中，需要出门上班的员工通常可以一睡一整晚，如果可能的话，他们甚至可以在自己的房间里睡觉；而负责照顾孩子的员工则要和孩子睡在一起，靠在身体上贴近孩子学会预测对方每一个微小的需求。当父母中的一方熟记附近药店的码货思路，并日渐成为后勤专家时，另一方只需要保证自己在约定的时间回家就够了。知识差距在拉大，收入差距往往也在拉大（参见本书第一章）。在有限的时间内做出务实的决定变成了一个不断自我强化的过程。即便立刻完全停止全球范围内的二氧化碳排放，全球变暖依然将继续下去——气候研究人员将这种现象称作"锁定变化"。在家庭中，这种变化也同样难以停止：气温在升高，暴风骤雨出现的概率也在升高。

我在自己的伴侣关系中也尝到过暴风骤雨的滋味，而造成暴风雨的是当初让我妻子支取几乎全部育儿津贴配额的这个决定（以及上文中提到的，我在这个问题上的不作为）。当然，我现在可以说，这不能怪我，是她想这么做的。尽管很多人都在用"我俩就是这么说好的"这个借口，但这个借口是行不通的。在我家行不通，在很多男人那里也一样行不通。在育儿津贴问题上行不通，在照料工作与有偿劳动的长期分工问题上也行不通。这背后有一系列不同的原因。也许在做出决定时，伴侣双方没能预见这一决定的长期后果。也许他们被困在固有的角色模式当中，他们不理解这些模式的本质，而这些模式已不再适合当今的世界，并且会让我们感到不快乐。也许是物质方面的压力太大，而男方的收入又太高。但我们不该带着疲惫的微笑说上一句"事情就是这样",就欣然接受了这种种不公,而是应当积极奋斗,努力改善各项条件。如果只是提及当年那个未必正确的决定,而不愿意做好准备质疑它,这样什么用都没有。当然,尽可能保证照料工作公平分配从一开始就是男人的职责之一,即便他必须为此与妻子发生矛盾,他也应当这样做。

> 身为父母往往身不由己:你人生中的很多选择会由孩子决定。因此,很多事情必须重新进行安排。一上来就顺风顺水是不可能的,你很可能需要一个发展、适应的过程。你得找到一套在当时当刻可行,但未必一直颠扑不破的规则,然后再观察一段时间,看看它是否真的有效,或者有没有能够微调的地方,不然你就会陷入一种盲目运转的状态,这迟早会出问题。
> ——莫里斯,45岁,公务员
> 两个男孩(一个5岁、一个8岁)的父亲

榜样的力量

1992年,美国经济学家加里·贝克凭借"将微观经济理论扩展到人类行为与人类合作的广泛领域"[144]获得了当年的诺贝尔经济学奖。男女之间的婚姻关系也是贝克研究的人类行为领域之一:根据他的理论,婚姻的核心是效率。之所以由丈夫专门从事有偿劳动,而妻子则专注于操持家务、抚养儿女,是因为这样能够提高他们在情感市场上完成心仪交易的可能性。"只有夫妻双

方都认为婚姻可以让自己的个人福利最大化时,他们才会结婚,因为婚姻给他们带来的好处超过了独身和寻找(其他)伴侣的成本。"一篇专业文章对这一概念做出了这样的总结。从经济学的视角看,这完全是一个成本效益比与时间机会成本的问题,在这个语境下,孩子变成了"耐用消费品"。[145]

这种冷静疏离的思维方式与我们现代人对伴侣关系的观念并不相符:我们追求的并不是安全感,而是一种豁然开朗的顿悟,是一生挚爱,是能平视我们、与我们一起找到一条独特的人生道路,并与我们携手同行的伙伴。至少理论上讲是这样。事实上,传统的家庭模式依然很流行。当德国家长被问到更希望拥有什么样的家庭组织模式时,约有36%的回答者给出了这样的回复:"丈夫全职工作,母亲兼职工作,照顾孩子和操持家务主要由女性负责。"25%的家长选择了平均主义模式,即男性和女性都全职工作,剩余的任务由二人共同分担——但选择这一选项的男性(34%)竟然比女性(18%)更多。只有3%的受访者可以想象女性全职工作,男性要么完全留在家里、要么在负责家务和育儿的同时做一份兼职工作这种情况。[146]人们的想法为什么这么传统呢?

> 我家的情况现在固定下来了,我们会"轮班",这样我俩好歹都能时不时休息一下。我建议各位家长都跟伴侣分担一下任务。举个例子:如果宝宝一醒,我俩就都起床去哄他,那我俩的缺觉只会更严重。
>
> ——罗布,35岁,飞行员
> 一个1岁男孩的父亲

第五章

当然了,在考虑孩子出生后谁来休育儿假、休多久育儿假这两个问题时,男女双方并不是凭空做决定的,而是在用各自的价值观和对未来的设想影响彼此。为了进一步理解这种动态,来自亚琛的心理学家贝蒂娜·S. 维泽与安娜·M. 施特茨对来自德国、奥地利与瑞士的数据进行了分析。[147] 研究人员首先要求纵向研究的参与者回答他们对性别角色的看法,问他们是否认为女性更适合照顾孩子。研究结果表明,父亲对性别角色的理解会影响母亲休育儿假的时长,也会影响她回归工作岗位后的工作时长。和与进步派伴侣一同生活的女性相比,与保守派男性一同生活的女性平均育儿假时间更长,工作时间减少的幅度也更大。但性别对换的情况中却没有出现这种情况:拥有思想进步妻子的男性申请休育儿假的概率并不比其他男性高。对女性的决策影响更大的并非她们自己的性别角色认知,而是孩子父亲的态度。妻子的观点与价值观并不会对男性的决定造成什么影响。[148]

因此,妇女并不能总是按照自己的意愿与目标自由做决定,而是会受到其伴侣观念的影响。和很多人所宣称的不同,这种现象未必与女性的同理心有关,而是另有一个非常实际且悲伤的缘由:女性要想在分娩后更早重返工作岗位,她们就只能依靠男性的配合。如果一个母亲知道她的伴侣不会这样做,那她别无选择,只能承担起更多的照料工作——这不是为了迁就男性的价值观和感情,而是为了孩子好。因此,在做出有关照料工作的重大决定时,我们必须更仔细、更诚恳地审视自己。当然,男性对此也有责任。

育儿假对父母的影响

我清楚地记得我休育儿假的第一天。我的女儿当时刚满九个月,我妻子要去北海的一座小岛上参加为期一周的培训课程,我们陪她一起去。这是一次生硬的角色转换,没有温和的交接:忽然之间,她成了一大早就出门的人,而我则留在家里,坐在早餐餐桌前。女儿在地板上爬行,她睁大眼睛,惊讶地看着我:你怎么还在家啊?一场伟大的冒险开始了。但这场冒险非常平静:在客厅里玩球,在沙发上看绘本,换了两次尿布。怎么回事,怎么还没到中午12点?在这段时间里,我倒是没怎么被具体问题整得手忙脚乱,毕竟我和过去那些讽刺喜剧电影(比如《三个奶爸一个娃》)里的男主角们不一样,那些大老爷们儿看到孩子在尿布里拉屎都能被吓破胆,而我已经熟练掌握了各项具体操作。对我而言,更为新奇的体验在于,我能在这么长的一段时间里聚精会神地关注另一个小小人类的需求,而对方甚至连用语言表达自己都不会。

进入太空的宇航员常常说起这样的经历:当他们第一次看到我们这颗蓝色星球漂浮在漆黑的宇宙之中时,他们会意识到这颗星球是如此脆弱而独特,这让他们感到无比诧异。这种现象叫作"总观效应"。[149] 与幼儿共度的时光改变你的方式则更加日常,也更加微小。也许我们该把这种一个人的心思突然间只围着另一个人转的变化称之为"近观效应"。而这两种效应都会改变你对世界和人生本身的看法。

围绕着父亲在育儿假期间所经历的成长展开的一系列研究表明,孩子出生后的头几个月对他们有着非常重大的影响。在一项调查中，65%领取了3个月或3个月以上育儿津贴的父亲表示，这一决定让他们的伴侣更容易重返工作岗位。58%的受访者表示，那之后的家务劳动分配情况也更加公平了。[150]一项来自韩国的最新研究表明，和全身心投入事业的父亲相比，休过育儿假的父亲生活满意度更高，对自己与伴侣之间亲密关系的满意度也更高。[151]德国社会经济专家组通过对德国家庭进行重复性抽样调查得出了一系列数据，而经济学家马库斯·塔姆则利用这一系列数据得出结论：即便父亲们休育儿假的时间不长，他们平均每个工作日照顾子女的时间依然多了40分钟，他们在家务劳动和其他事项上投入的时间也增加了。[152]当然，这种现象可以归因为会申请休育儿假的男性往往有着更平等的性别观念，或者说他们本来就很渴望和孩子亲密接触；但另一方面，休育儿假的男性在这几个月中经历了很多，也学到了很多，这些经验与知识也会反过来长期强化他们的观念。

> 一个年轻的小家庭里不仅诞生了一套规则与惯例，这套规则还能反过来影响人们的行为，这可真是太震撼了。光是平常过日子就得有二十项要完成的任务。做饭采购这些事情倒是可以对半分担，毕竟这些都是临时性的任务。但其他事情就需要你有一定的特殊技能了，哪怕是给孩子准备衣服这种平平无奇的事情也是如此：要想给孩子穿衣服，你就得知道哪件衣服该穿在哪里。
>
> ——丹尼尔，37岁，创业公司老板
> 一对3岁双胞胎和一个5岁男孩的父亲

与道德呼吁相比，育儿津贴、额外津贴和育儿津贴加强版的推出显然更能改变男性对照料这一工作的态度。男性未必会自我反省，但这一系列补贴确实能够促进新惯例的诞生。在经济激励的诱惑下，爸爸们会在休育儿假的几个月里切实扮演父亲这个角色，而很多男性会发现，他们还挺喜欢当爸爸的——实践改变了人们的观念。有趣的是，这个规律不仅适用于小夫妻两个人，在周遭环境和大家庭当中也同样应验。

德国经济研究所进行了一项研究，调查子女领取育儿津贴是否会让父母改变自己的性别角色观念。卡塔琳娜·弗勒利希带领的研究小组对两组参与者的观念进行了对比：一组参与者是年纪较长的老夫妻，他们在2007年育儿津贴出台前就当上了爷爷奶奶；而另一组则是育儿津贴出台之后才抱上孙子。分析结果表明，如果孩子爸爸休过育儿假，那孩子奶奶对"女性应优先考虑照顾家庭"这一说法的反对率明显更高（持反对观点的奶奶占总数的35%）；而在儿子没休过育儿假的女性群体中，仅有21%的奶奶持相同观点。而在参与调查的爷爷中，比例上的差异虽然不那么明显，但同样表现出了类似的趋势。[153] 如果人们主动做出改变，事态也会发生变化。

政策如何推动父亲

但是，如果育儿假对父亲、母亲、孩子和社会都有这么多好处，为什么没有更多男性真正利用好这项国家福利呢？在一项调查中，"仅有"不到1/4的男性回答说"我不想休育儿假"。至于

第五章

背后的原因,调查并没有进行追问。因为没有榜样?因为休育儿假不够酷?还是因为一看到尿布就犯恶心?有7%的人压根儿不知道他们可以申请育儿津贴。[154]

尽管德国人经常痛骂官僚主义的烦琐流程,但在生育这样的大事上,其实压根儿没有人管你,这真是令人吃惊。除了做妇科检查、申请出生证明、定期带孩子去儿科做体检,家长们在义务教育开始之前几乎完全接触不到任何官方机构(参见本书第二章)。某些地区的家长每个季度会收到一封写给家长的信,但信里讲的往往是儿童健康与成长发育,家务劳动和男女平等这种话题则只能靠边站。国家对父母们自决权的尊重真是令人敬佩,但这也导致了情况的停滞不前。

家庭事务部真的很努力:育儿津贴宣传册的封面和内页中印有许多精美而柔和的图片,展示了一个个幸福的核心小家庭,图中出现的父母人数大致相当。[155]但现实是没法靠后期修图美化的。父亲们的懒惰体现在方方面面:《父母》杂志的读者中有76%是女性。[156]在社会机构提供的家庭咨询服务利用率方面,母亲(73%)与父亲(27%)之间也存在着很大的差异。[157]专业门户网站"父母津贴"(elterngeld.de)进行的一项随机抽样调查发现,不仅有不到1/3的受访者完全不知道所谓的"额外津贴"(即育儿津贴可从12个月延长至14个月),而且参与调查的1254人中有93%是女性,只有7%是男性。[158]

要想实现真正的改变,靠的不是个体的一厢情愿,也不是在机构或其他人的要求下才重新对自己的观念进行反思。呼吁往往无人理睬,立下的宏愿也时常会落空——这一点,只要你在除夕夜放烟花时下过决心要在新年里改头换面或是节食减肥，你就会明白。更有效的办法是在日常习惯和实践上下功夫。"要想影响人们的行为，就得让人们尽可能容易地做到这一点。"行为经济学家戴维·哈尔彭这样写道。多年来，哈尔彭一直作为"行为洞察小组"的成员，为英国政府提供建议，并撰写了《助推：小行动如何推动大变革》(*Inside the Nudge Unit. How Small Changes Make a Big Difference*)一书。[159] "nudging"一词意为"推挤"，更好听点的说法叫"引导"，这是一种政治沟通与调节方式，旨在让人们在没有法律强制规定的前提下，按照自己与公众的利益行事。简而言之，就是让人们自发做出正确的决定。香烟包装上的恐怖图片就是这种策略的著名例子。

> 我休了整整一年的育儿假——主要是因为我能拿到最高一档的育儿津贴，如果换成我妻子休育儿假，她拿到的津贴金额可能还不到我的一半。说实话，与其说我是想多陪陪孩子，不如说是出于经济上的考虑。如果我们能想办法分开休育儿假，我们就能留下一大笔钱。
>
> ——扬，30岁，视频制作人
> 一个1岁男孩的父亲

如何将"推动引导"实验的成功经验应用于与家庭、特别是父亲们有关的政策上，这的确是一个很有意思的思想实验。当然，如果育儿津贴的申请过程能简化到律师和投资银行家之外的人也能看得懂，如果资料手册缩减到170页以下，这肯定会有帮

―― 第五章

助。除了简洁性，哈尔彭和他的团队还发现了能让"行为调节"获得成功的其他因素，例如"吸引力"与"社会性"。研究人员建议，政策制定者应当明确强调福利或行动的优点。[160]这样说来，我们应该把口号为"育儿津贴，国家免税，最高可拿25 200欧元！"的宣传页发放到每一家妇科诊所里，或者搞一些宣传品，以"同休育儿假，幸福有保障"等标语作为大标题，然后在正文中介绍其他父亲珍惜这个机会且从中受益的经历。实际上，"推动引导"最有利的工具之一就是通过暗示的手段，让个体将自己视作一个虚构集体的一部分，从而激活个体的同辈压力。

如果酒店房间里的毛巾旁边摆着的牌子是"本店大多数宾客都选择重复使用毛巾"，而不是"为了保护我们的环境，请重复使用毛巾"，酒店住客也会表现得更有环保意识。[161]本世纪初，美国科学家进行了一项实验，研究了向邻居宣布自己投票与否一事会对潜在选民产生什么样的影响。实验的结果：投票率提高了8%。[162]和爸爸们沟通时，这招能奏效吗？"大家都这么干，你呢？"

日复一日的照料工作之战

在我们的大女儿出生十五个月之后，我们终于迎来了第一个共同的喘息时刻。这是我们计划好的：奶奶负责照顾孩子，孩子爸妈则遵循刻板印象，逃进了山里的一家疗养酒店。说到休息，人们总会想到"关机"或是"充电"，好像人是一台高科技机器，得时不时进行一下保养才能重新满负荷运转。

在大女儿出生十五个月之后，我俩几乎都回归了全职工作的状态，小家伙上了幼儿园，在那儿待得可开心了。生活沿着"正轨"运行着——但铺设铁轨的是谁，操控开关与信号系统的又是谁？这条"正轨"究竟通向何方？老实说，我们之前从来没真的讨论过这些问题。

根据为撰写本书而进行的问卷调查结果，50%的全职工作父亲认为家庭和有偿劳动的结合给他们带来了压力和负担，而持相同观点的母亲则占到了70%。[163] 考虑到有关照料差距的统计数字，这一比例不足为奇（参见本书第一章）。我绝对属于压力巨大的那一半父亲，总觉得自己忙得不可开交：每天早上，我给女儿做好早餐，送她上幼儿园，然后匆匆赶往办公室，对付整整六个小时的约谈、会议和截稿期限。然后，下午3点我再去幼儿园接她，我俩在超市、冰淇淋店和游戏场组成的"金三角"区闲逛。一般我们会在这个"金三角"里跟我妻子会合，她在诊所里上了十个小时的班，只为我能在电脑前再多坐一个小时。再然后：晚餐，读书，哄睡觉。这会儿已经是晚上9点了。有人抽出空来洗衣服或者报税了吗？再过七个小时，新的一天就要开始了。如此平淡，却又如此英勇，这就是德国数百万家庭的日常生活。

在我们这次短暂的家长假日期间，日常生活的喧哗与混乱离我们很远，但恰恰是在我们终于有时间再次享受亲密二人世界的这段日子里，我却注意到，已然有许多东西将我俩隔离开了。这次疗养假期中令人印象深刻的不是按摩与炉边充满相互赞许的促膝长谈，而是激烈到出人意料的冲突。尽管过去了几年，我依然觉得，我俩当年的认知与回忆竟然这么不同，这一点简直是太超现实了。似乎我只记住了自己悉心照料孩子、照顾家人的时刻，而我妻子的脑子里则只保存了我上夜班、出差，或是其他独自旅行的案底。举个例子，我们那时经常搞一种消极反抗战术，我们称之为"时间论战"：如果我周末工作了九十分钟，我妻子之后就会把它夸大成"好几个小时"。如果她在回家路上碰上了堵车，我会嘲讽她："很可惜，你6点半才到家。"而她则会反击道："明明是6点不到就到了。"但这并不会改变我的看法。为了与自己的叙述相吻合，我们会变着法子四舍五入。我们并非有意为之，但毫不夸张地说，我们已经不在时空连续体的同一个点上了。

"认知失调"理论是心理学的理论之一，指人们会费尽心力拒绝那些与他们对自己或世界的看法相矛盾的信息，或是将这些信息相对化。于是反疫苗派从根本上不信任制药公司，还会从人智学①角度出发，相信传染病会对因果报应产生积极影响，而无数科学研究与数十亿次的成功治疗案例则不会对其产生任何影响。因此，在我的"我已经比别人多做很多了"模式中，我只记录了我自己取得的成就，而没有记录那些我妻子主动介入、我自己或自觉或不自觉地置身事外的时候。无论如何，当人们濒临崩溃的时候，人们总是会变得有些无情，即便对面是你最深爱的人也不例外。在这种情况下，人们非但没有改良或是革新组织规划方式，反而开始与彼此争夺稀缺的资源，例如自我实现的机会和

---

① 人智学（Anthroposophie）是由神秘主义者鲁道夫·施泰纳（Rudolf Steiner）在20世纪初创立的哲学，起源于德国唯心主义和神秘主义哲学。人智学认为，有一个客观的、智力上可理解的灵性世界可供人类体验，其追随者旨在透过一种独立于感官体验的思维模式进行灵性探索，而这一哲学在医学、生物学、农业与教育领域的应用则遭到了许多科学家与医师的批评，且被认作伪科学。

时间。在这场斗争中,女性往往处于劣势,因为她们似乎不太懂得自私这门艺术(参见本书第三章),而不平等的家庭政策也在推波助澜(参见本书第一章)。

有时我会想,如果我们按照传统模式进行性别角色分配,那我的日子会轻松得多。哪怕压力再大,我之前干过的所有工作加起来也没有每天十二小时连轴转,又是带孩子、又是操持家务辛苦。在办公室里,你好歹能安安静静地上个厕所。这件事我现在就很难做到。尽管我有这样向往传统模式的想法,但这并不意味着我现在或下一次就真想这么过日子。但在我看来,在很多情况下,传统模式就是会让男性或是不需要照顾孩子和家庭的人过得更轻松。

——格奥尔格,31岁,自由职业记者
莉娅-玛蒂尔达(1岁)的父亲

在一项大规模纵向调查中,心理学家哈拉尔德·韦尔内克研究了性别期望与角色期望会对夫妻关系造成什么样的影响。研究结果非常有趣:在孩子出生后的头几年里,有着传统角色观念的夫妻关系更稳定、吵架和分手的频率更低,而持平等主义态度的夫妻发生冲突的频率则更高。然而,这种情况在一段时间后会发生逆转:传统关系中的女性在之后的调查中表现出了更高的不满意度,而平等主义夫妻在克服了摩擦不断的初期阶段后则会趋于稳定。[164] 这一发现很容易解释:从长远角度看,公平分配照料工作能让各方都更加幸福;但从短期来看,这种安排意味着更多的争论与纠纷，因为没有无可辩驳的现成角色模式，一切都要靠协商来解决。

到底怎样才能实现公平？

在世界上任何一个国家，一对夫妇在追求事业的同时共同照顾孩子（前提是他们愿意）都算不得司空见惯。奇怪的是，现在市面上有那么多指南都打出了"实现真正的平等——一份总体规划"这样的口号。

说来也巧，在我研究这个课题这段时间里，我和一对夫妻一道出门旅游，这对夫妻几年前出版了一本育儿指南，题为《爸爸也可以奶孩子》。在这次度假途中，我几乎感觉自己像一个民族学家，在观察原始民族如何与热带雨林和谐共处："对半均分"原则在日常生活中是怎样体现的？如果地点换到了法国南部的露营地，炎热、蚊虫与洗衣房糟糕的卫生条件会让每一段亲密关系都在某个节点上遭遇压力，这个原则又该如何付诸实践？作为伴侣，斯蒂芬妮·洛豪斯和托比亚斯·朔尔茨并不会无时无刻都牵着小手卿卿我我、带着宽容的微笑居高临下地俯视周遭环境的不平等、时刻准备好给出他们的温馨小建议。他们也会为谁该去陪孩子打迷你高尔夫、谁能继续在树荫下休息争执。第一个知识点：重要的不是和谐的气氛，而是一直和对方沟通，而且在沟通过程中最好不要意气用事。

如果你问这对专家夫妻如何做出了要公平分工的这个决定，他们会回溯自己的职业经历，因为斯蒂芬妮曾是女权主义杂志的主编，而身为社会学家的托比亚斯也曾经对不平等现象进行过长期研究。当然了，这种经历不是人人都能复刻的。"想要做到真正公平地分配家务劳动，只在口头上表示出自己的开放态度是不够的。"托比亚斯这样说。要想成为真正平等的伴侣，"需要的是一份计划，以及双方都愿意实施这份计划的坚定意愿，只是觉得这样做挺好并不会让这个目标自动实现"。

因此，下面这些问题才是关键：在我个人的需求金字塔中，"平等"究竟处于什么位置？和物质财富与职业上的自我实现相比，它的地位是更高还是更低？为了实现这一目标，我是否愿意接受一些不便或是不利条件？

早在他们的大儿子出生之前，托比亚斯和斯蒂芬妮就在厨房的桌边讨论过他俩的未来职业发展。他们想要的并不是在四十岁时达到一定的收入水平，而是在收入和工作时长方面"给双方都提供职业发展的机会"。于是托比亚斯主动放弃了艰苦的科研工作，如今的他是一名小学教师。到了现在，斯蒂芬妮与托比亚斯已经有了两个孩子，"对半均分"实验也已经进行了十年，两人每周各工作三十五小时左右，家务劳动也是平均分配，即便单职工家庭中负责养家糊口的一方加班加点地工作，他们也很难达到这对夫妻的家庭收入水平。

在经典著作《平等共同育儿》中，马克·瓦尚与艾米·瓦尚也向读者们提出建议，伴侣双方应尽量选择自由职业或是工作时间为80%的职位。当然，这个建议并不适用于所有行业或所有生活状况。但两位作者认为，这同样是个态度问题：做平等育儿的父母是自发地选择一种生活方式，而不只是为了多赚点钱。[165] 当然了，不是人人都能自由选择工作岗位和工作模式，但每个人都可以问问自己，在生活中做到和伴侣平等这件事对他们究竟有多重要，以及还有哪些地方可以进行微调。

有些指南关注的是大方向上的目标，而有些指南则会建议你进行微观管理。"要想摆脱这种两难困境，你就得把每一件事都检查一遍，从收拾行李箱到打加强针都算。"撰写了《走出精神负担陷阱》一书的信息技术项目经理帕特里夏·卡玛拉塔如是说。她用到的是她日常在职场上同样离不开的工具：Excel表格、周期性固定日程以及思维导图。[166] 家务劳动可以是一个很灵活的项目：父母中的一方可以担任"健康与卫生"领域的"项目负责人"，管理儿科检查、疫苗接种、牙医预约和药妆店积分等各项事宜，而另一位则负责孩子的教育。

来自指南的知识点：（1）制定一个远大的目标！（2）时刻牢记这个远大目标！非常透明，但也非常荣誉。

对于很多本就在工作和生活琐事之间疲于奔命的人而言，把分配照料工作另立为一个项目这件事听着实在是没什么诱惑力。在我与妻子交往之初，我觉得我们不需要这样的清单与事无巨细的协定，爱能解决一切问题。现在回想起来，这显然是个错误。

人生高峰时段的交通规则

在社会学中，二十五岁到四十岁之间这一阶段通常被称作"人生高峰时段"，因为很多事情会全部挤在这个短短的时段里发生，人们必须做出一系列重要的决定——求职就业、计划成家,以及永恒的乌托邦理想:拥有自己的家。(另一个原因也许是因为人们往往也会在这个时段里遭遇人生经历中的堵车和交通事故。)

年龄越大,因职业倦怠综合征和椎间盘突出而不得不"靠边停车"、等待事故救援的人就越多。因此,在新冠肺炎疫情期间,当我忽然开始每两天就会半夜惊醒一次、脉搏飙升到每分钟140次时,我并没有感到特别惊讶。我脑子里的声音在不断追问:你做到了吗?这难道不是你该做的事吗?所以你为什么到现在都没做呢?窗外一片漆黑,但有人在我的脑袋里打开了日光灯,无数的待办事项清单、无数的截稿期限和其他文件纷纷弹了出来,有如一台内存超载的电脑。但数据丢失了又该怎么办?

碰到这种情况,我往往就直接在四五点钟爬起来,到厨房支起电脑。我心想,与其在床上用半梦半醒时的自我怀疑折磨自己,不如在减少堆积如山的任务方面取得一些切实的成果。成功是显而易见的。但第二天一早,我成功用自己的缺席和臭脾气惹毛了我的妻子、我的孩子以及我的同事。

这样过了几周之后,我不得不承认,这和小孩子的行为问题不一样,这不是什么"一阵子的事儿",而是一个需要关注的问题。我父亲和其他人都教会了我一件事:无论是把超负荷工作、压力和阴暗情绪咽下肚子默默忍受,还是试图跟它们殊死搏斗,都无济于事。于是,没过多久我就坐上了一张舒适的扶手椅(不是沙发!),开始向一位心理学家兼心理教练讲述我目前的处境:搬家、生活开销、两个孩子、我的感情生活、我的公司、市场环境、整个疫情危机。但我还没说上五分钟,这位心理学家(她自己也是一个小孩的母亲，而且也同样处于人生高峰时段）就已经开始面带微笑地在笔记本上写写画画："这个问题其实很常见，但在工作和事业之间苦苦挣扎的大多是女性，您和现代女性陷入的是同样的困境。"

> 锻炼和二人世界同样也被搁置了。要顾上这些几乎是不可能的。除了工作和孩子之外，你还需要点别的东西来平衡一下自己。我在自己身上就留意到了这一点。
> ——丹尼尔，37岁，创业公司老板
> 一对3岁双胞胎和一个5岁男孩的父亲

在面对"我能同时兼顾工作和事业吗？"这个问题时，如果你能自信地回答"当然可以！为什么不呢？"，那你就拥有特权。我原本希望训练能够教给我比较具体的解决办法，帮助我更好地管理或分派各项任务。但这件事不仅与项目管理能力有关，也与生活中各项事务的优先级有关。这是一个真正的冲突、一个复杂的问题，你不可能一个人独自解决。

年轻父亲的角色冲突

西格蒙德·弗洛伊德曾经提起过他的潜意识理论给现代人带来的心理折磨。精神分析会让现代人意识到自己并非自己心灵的"一家之主"，而是受自己无法控制的欲望与需求支配。和我的心理咨询师聊得越多，我就越清楚地意识到自己在经受着什么样的心理折磨。我一直以为，我可以既在家中当现代父亲，又在职场上当优秀员工，鱼和熊掌我可以完美兼得。我没有摆脱陈旧的性别角色模式，也没有真正担起父亲这一角色的责任，女儿出生后四周，我就又回去工作了。从根本上讲，我们在育儿休假这件事情上共同做出的决定导致两个人做出了牺牲：首当其冲的是我的妻子，因为她不得不放下了自己十分珍视的工作。但在某种意义上，我也是我潜意识的牺牲品，或者说，我是我被动态度的受害者。与我的朋友托比亚斯·朔尔茨不同，我压根儿没有思考过当爸爸究竟意味着什么；我没和妻子坐在厨房餐桌前，一起思索要如何更好地安排自己的工作，思考如果要让我少工作一些、如果我们不那么在乎钱、如果我不那么在乎社会地位，我们又该怎样做。这就是我失败的原因——顺便说一句，我宣告失败那会儿，我妻子的育儿假刚刚结束六个月，我们看似平等分配的照料工作也才刚刚开始六个月。职业倦怠综合征来得就是这么快。

  我和妻子都各自立下了承诺，不追求在职场上大展宏图。人不是一定要成为团队领导或是任何部门的负责人才会快乐的。因此，我把工作时间从全职降到了每周工作三十个小时，而且我签合同时也只签一年。但我完全不介意，毕竟每年都能有机会问问自己明年想怎么工作，这其实也是一种特权。

——弗洛里安，39岁，教练兼播客创作者
一个5岁孩子的父亲

  与到达一定温度后物质就能液化的化学反应相比，社会变革

第五章

的进程更加缓慢，也更为随意。的确，男性与女性的态度都发生了转变。"从单收入或是近单收入家庭模式到双收入家庭模式这一具有划时代意义的变革依然在如火如荼地进行着。"联邦人口研究所的研究主任马丁·布雅尔德在一份报告中这样写道。[167] 但这恰恰导致了公众讨论与个人行为中一系列矛盾、悖论与逻辑冲突的出现。例如，在联邦人口研究所最新的家庭榜样调查中，85%的受访女性同意"女性应追求事业，从而使自己不必依赖丈夫"这一说法，但同时有76%的女性认为"母亲应该在下午有空闲时间辅导孩子学习"。[168] 很难想象如何同时满足这两个要求，考虑到当前性别照料差距和兼职工作陷阱的大背景，要想二者兼得更是难过登天。参与调查的大多数男性也持平等主义观点，只有35%的男性认为男人就得"一个人养家糊口"，但3/4的男性认为，社会的确对他们抱有这样的期待。尽管63%的男性希望为了孩子而减少自己的工作时长，但认为社会层面也会支持这种做法的男性只占总数的1/3多一点。[169] 这或许恰恰为下面这个现象给出了解释：当被问及两岁孩子父亲每周工作多久比较合适时，有75%的父母给出的答案都是"全职"，只有11%的家长认为每周工作25小时以下是理想的时长。[170]

在为本书进行研究的过程中，我读到的这类调查研究越多，我就越是明白：（1）现代男性是一种自相矛盾的存在；（2）我也一样。德特勒夫·吕克在论文集《德国的家庭榜样》中写到，当人们要求男性指出其他同性身上令人喜爱的优点时，与女性相关的特质出现频率越来越高，例如关爱孩子（57%）、乐于助人（43%）、温柔体贴（43%）或是敢于流露真情（42%）。但最受认可的还是与养家糊口有关的男性特质，如让家人衣食无忧（76%）、职场个人能力（60%），以及成就导向和雄心壮志（57%）。吕克认为，人们往往会赋予"好爸爸"这一形象新的能力特质，而不会用平起平坐的伴侣取代男性作为家中顶梁柱这一典型形象。[171] 联邦人口研究所专家马丁·布雅尔德也写道："对于大多数年轻父亲而言，兼职工作这件事无论是在性别角色、收入还是职业前景层面都令人望而生畏。尽管如此，他们依然表现出了强烈的愿望，希望能够积极地担负起父亲这个角色，而育儿津贴则进一步加强了这种愿望，但要想挤出相应的空闲时间，他们往往就得放弃业余休闲以及运动锻炼。"[172] 太可怜了。

只有在第一个孩子出生之前，夫妻双方才能沉浸在平等的幻想中。随之而来的再传统化不仅会影响女性，也同样会影响男性。美国心理学家达西·洛克曼写到，年轻父母之所以会承受情感压力，"也可能是因为潜意识命令我们适应僵化的两性角色"。[173] 这种矛盾与角色冲突只会有一个结局，那就是精疲力竭。在为撰写本书而开展的调查中，50%的受访父亲表示，他们时常感受到来自有偿劳动与家务劳动的双重压力。[174]

那现在呢？

头几次谈话里，我的心理医生问我，我现在经历的危机有没有让我感到一丝庆幸。起初，这个问题让我很生气。我没心情听她说一些日历上写着的励志口号：什么阴阳相生啦、善恶共存啦，什么"问题只是覆盖着荆棘的机遇"啦。但我个人的崩溃其实恰恰给了我一个自我认识的机会。作为男性，我很自觉地意识到了女性在过去的几十、几百年里究竟处在什么样的境地之中：不仅要平衡自己的期望、社会的约束与日常生活的负担，还要过上美好的生活，这可真是太困难了。

> 尽管我俩约法三章，也希望能在日常生活中尽量做到对半平分，但每个人都会需要一个能随心所欲的领域。我妻子喜欢和孩子们一起做手工或是做烘焙，但我对此就不感兴趣。这并不是因为我在按照性别差异进行保守主义角色分配，而是因为我之前从来没学过做这些。比起烤蛋糕，我还是更倾向于炖咖喱。
>
> ——弗洛里安，39岁，教练兼播客创作者
> 一个5岁孩子的父亲

无论男女，我都无意贬低他们面对的挑战。我们甚至可以说，我们面对的是一个历史性的时刻，而我们正是新时代的先驱。要想走出一条全新的路，我们就不能继续依赖陈旧的路线描述与过时的地图，而是必须认真思考、制订计划，为即将到来的未知挑战做好准备。直到最近几年，男性才放下了独自养家糊口的角色设定，犹犹豫豫地开始向女性靠拢——而这个旧角色简单得让人非常开心。一座嶙峋可怖的"**任务山**"摆在我们面前，面对这座让我们寝食难安的高山，摆出一副阳刚气概、撸起袖子大干一场是没有用的，我们得换个全新的角度，一起想办法。

一张图胜过 15 057 个字

男性与女性想象中的理想家庭分工是什么样子的?

父亲参与度增加会带来哪些好处?

四赢局面

在一项研究中,父亲们回答了一个问题:"男性更多参与家务劳动会带来哪些好处?" [174]

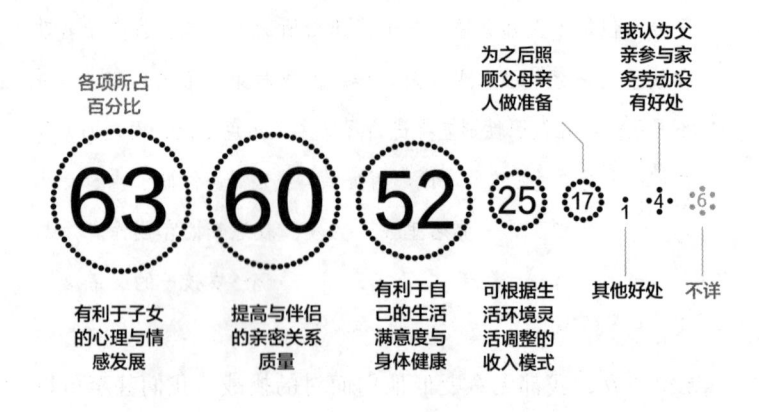

各项所占百分比

- **63** 有利于子女的心理与情感发展
- **60** 提高与伴侣的亲密关系质量
- **52** 有利于自己的生活满意度与身体健康
- **25** 可根据生活环境灵活调整的收入模式
- **17** 为之后照顾父母亲人做准备
- **1** 其他好处
- **4** 我认为父亲参与家务劳动没有好处
- **6** 不详

育儿假的影响

如果男性休三个月以上的育儿假,家中的日常生活会发生什么样的变化? [150]

65% 的父亲反映,三个月以上的男性育儿假让他们的伴侣更容易重返工作岗位。

58% 的父亲表示,休完育儿假之后,家中的家务劳动分配得更平均了。

不对等的兴趣

父母二人里谁会去利用社会机构提供的家庭咨询服务? [157]

母亲 **73%**

父亲 **27%**

―― 第五章

像爷爷奶奶那样生活

一项研究调查了年幼子女的父母们心目中理想的家庭形式。令人吃惊的是，女性认为较为保守的家庭形式更有吸引力。[146]

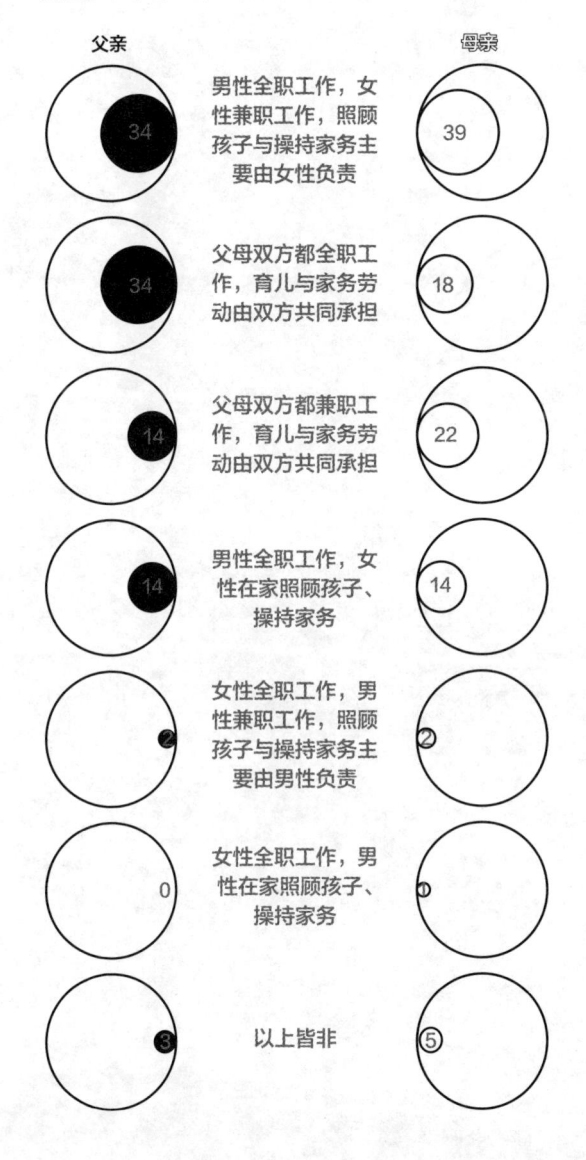

父亲		母亲
34	男性全职工作，女性兼职工作，照顾孩子与操持家务主要由女性负责	39
34	父母双方都全职工作，育儿与家务劳动由双方共同承担	18
14	父母双方都兼职工作，育儿与家务劳动由双方共同承担	22
14	男性全职工作，女性在家照顾孩子、操持家务	14
2	女性全职工作，男性兼职工作，照顾孩子与操持家务主要由男性负责	2
0	女性全职工作，男性在家照顾孩子、操持家务	0
3	以上皆非	5

第六章

"我就是做不到"

事业—文化变革—照料工作

暴风雨后的平静。一个持续了六个月之久的项目结束了。最后一次视频会议，所有人的脸上都写满了心满意足，但同时也写满了疲惫不堪，甚至有些苍白，开美颜滤镜也于事无补。此时此刻，大家在复盘哪些环节进行得很顺利、哪些地方需要下次再改进（如果还有下次的话）。部门负责人对我说："考虑到封城的情况，你干得不错。"然后她又补了一句："我从来没在做项目时碰到过因为孩子生病而爽约这么多次的人。"她和蔼地看着镜头，任这句话在无边无际的互联网中回荡，然后微笑着和我们告别。至于她这话究竟什么意思，她并没有解释。这是在批评我缺乏奉献精神、不够可靠吗？

这是她的经验之谈（"从来没见过"）？还是在暗中夸奖我的进步生活方式——毕竟作为自由职业者的我要在紧急情况下照顾孩子，于是时不时就得重新安排约谈时间？在之后的几周里，我总觉得同事和客户在打量着我：他们到底是怎么想的？我足够优秀吗？我现在的工作时长只有原来的80%、在紧急情况下会优先考虑家庭，我的业务水平还在吗？

事业还是家庭?

自亨利·福特的时代以来,商业世界已经发生了很大变化,但不知为何,"模范员工的标准"依然在雇主和雇员的脑海中阴魂不散:随时待命,应变能力极强,永远准备好为了公司利益牺牲私人事务。不然的话,我为什么会因为自己不符合这一形象而立刻感到良心不安呢?"我就是做不到。"当被问到为什么育儿假很短或是压根儿不休育儿假、为什么尽管孩子很小但他们依然选择全职工作时,很多男性都会用这句话作为自己的标准理由。很明显,他们害怕之后在工作中接不到有趣的任务、害怕失去重要的客户,或者只是害怕失去职业机会。但这种风险究竟有多大?即便我们假定业绩斐然的职场生涯的确值得追求,但金钱、名望与地位真的能买来与孩子共处的时间吗?我们能不能对职场工作与照料工作做出更合理的安排?究竟是什么阻碍了我们向着这个方向进行探索?这该怪老板、怪工作环境还是怪资本主义?还是说一切都只能怪我们自己?

如果男性在领英(LinkedIn)这一职业社交网站上宣布自己要休六个月到一年的育儿假,那他会收到许多正面的评论和点赞。"不光有人表扬我,还有人因为我休假而向我表示感激。"身为经理的瑞安·邦尼奇在伦敦经济学院的网站上这样写道,"这个问题所体现的性别动态真是太令我吃惊了。我可从来没见过产后休假的女性像这样被感激与赞美淹没。"[175]社交媒体上的无数评论与互动可以说是一种集体戏剧表演:通过给进步的同事、熟人送上表扬,人们在扮演一款进步的自己。也许人们也在借此压制自己的负罪感，毕竟他们自己未必会选择放下事业——或者说他们已经有所感知，觉得自己不会这样做。

下列数字众所周知：父亲们育儿休假平均时长仅有3.7个月，而母亲们的平均时长则是14.5个月。[176]仅有6%的幼儿父亲选择了兼职工作。[177]德国经济研究所的一项研究显示，在所有不休育儿假的父亲中，有1/5的人给出的理由是"担忧休假会对职业生涯造成负面影响"。[178]似乎育儿假时间越长，风险就越大。在领英的一项调查中，只有45%的男性表示自己并不担心超过7个月的育儿假会对他们的职业生涯造成损害。[179]但男人们并不能举出事实来证明这份恐惧。在阿伦斯巴赫公共舆论研究所开展的一项研究中，只有6%的受访者表示，育儿假给他们自己或是他们所认识的父亲们带来了不利影响。21%的被访者依然选择了有些自相矛盾的答案，认为育儿假"有利有弊"。[180]

> 六个月的育儿假结束后，我并没有回我原来的单位——一家很大的德国企业——上班。因为他们觉得我在家待了半年并不是什么好事情，之后又发生了一些不愉快的事情，他们先是想把我的育儿假砍到两个月，然后又把一些过失推给我，想让我方寸大乱。我觉得他们可能没有料到我会告诉他们："不，差不多得了，咱们签离职协议，就这样吧。"
>
> ——弗洛里安，39岁，教练兼播客创作者
> 一个5岁孩子的父亲

但这些民意调查究竟有多可靠呢？只要你有和他人共事的经

历，你就会知道，对能力、业绩和责任的评判是一件非常主观的事情。即便有人在休完育儿假重返职场时遇到了困难，那同样有可能是其他因素造成的，比如新同事、新工具，或是宏观经济形势。

我可以放心大胆地休育儿假。因为我这一行有一套非常固定的工龄制度，制度背后还有工会的支持。所以我可以休三年的育儿假，晋升时依然不会被落下。换句话说，如果机长退休了，那原本的副驾驶员则会升为机长，而学生飞行员则会晋升为副驾驶员，以此类推。传统经济还是有点好处在的。

——罗布，35岁，飞行员
一个1岁男孩的父亲

说到底，要想证明参与家庭生活并不会带来不利影响，该设计一个怎样的实验呢？是不是需要一组实验组父亲，让他们休6个月育儿假，然后让他们的同卵双胞胎做对照组，让他们在同一行业工作、拥有相同的资历，但不休育儿假？男性有这个胆量吗？还是说年轻父亲们在职场上的劣势不过是个谣言？

作为现代父亲，你当然觉得自己有休一年育儿假的可能性。但我是会在休假期间全心全意照顾孩子，还是会见缝插针继续搞音乐？对于自由职业者，尤其是艺术家而言，这并不是件容易的事情。你不能轻易放弃，如果你离开行业一年，需要花掉你很长的时间才能再回来重新建立人脉。

——斯特凡，44岁，音乐人
两个男孩（一个6岁、一个11岁）和一个女孩（9岁）的父亲

年轻爸爸们的无端恐惧

柏林社会科学研究中心的研究团队由莱娜·希普带领，他们希望了解雇主是否会因为怀疑求职者缺勤率较高、灵活性较差而不愿意向有孩子的求职者提供工作。为此，研究人员发送了编造的求职材料，并对面试邀请进行了分析。实验结果表明，母亲的求职成功率实际上更低。尤为荒唐的是，求职材料上写着自己休了两个月育儿假的母亲收到面试邀请的概率甚至要比休了12个月育儿假的女性还低。显然，雇主们并不认为育儿假时间短是一种工作积极性或是奋斗意愿的表现，而是将之理解为责任感缺失甚至性格缺陷。另一方面，对于父亲们而言，有没有孩子、休没休过育儿假并不重要。人们可能会认为这种现象是不公平的，是一种性别歧视的双重标准，但我们也可以看到其中积极的一面。研究报告的作者莱娜·希普这样写道："根据本项研究鼓舞人心的发现，如果父亲们想休更长时间的育儿假，他们就应该这样做。"[181]

如果父母们能从一开始就平等地分配家务劳动，这不仅会提高夫妻关系的满意度、改善与孩子的亲子关系，更能提高"家庭企业"在经济上的灵活性。一项发表于2010年的研究对9000个瑞典家庭进行了调查，研究人员先是统计了孩子出生前一年的家庭

收入，等到孩子平均年龄4岁时，他们又进行了第二次统计。研究结果显示，母亲的收入涨幅与父亲们在家休陪产假的时长成正比，父亲们每多休1个月陪产假，母亲们的收入就会上涨约7%。[182]如果父母双方都全职工作，子女的贫困风险为1.4%；而在单收入家庭中，子女的贫困风险几乎是双收入家庭孩子的12倍。[183]

当然，科学家也会出错，即便是最完美的研究也不可能反映出唯一真相的全貌。但是，从有关研究的现状来看，父亲们对于事业和经济损失的担忧似乎是毫无根据的。当然了，例外也是有的。并不是所有父亲都能像在领英网上晒出"酷爸"帖子那样，随时随地收获热情洋溢的赞美。他们也会遭遇一些不解的眼神、一些语焉不详（但也有可能非常明确）的评论。也许老板会从中作梗，也许兼职工作的申请会被驳回，也许真的会发生不愉快的事情。但障碍就是用来被克服的，而人们一直都在为进步、公平、自由与平等而奋斗。下面这个猜想应该不算太离谱：对生活在2022年的你而言，与伴侣公平分享育儿假所需要的勇气总不至于多过20世纪初的工人们为争取10小时工作制而罢工所需要的勇气吧。

> 我一直都想休六个月的陪产假。但在我的大儿子出生之前不久，我拿到了风险投资，创立了一家公司。孩子出生之前，我每天都要工作十二三个小时，育儿假自然也等了好久才安排上。真是一段非常艰苦的日子，但也是一个很好的机遇。正是因为我当时那样做了，我如今才能在离开公司之后有更多的时间陪伴孩子，我如今所拥有的时间要比在传统雇佣关系中拥有

的多得多。对家庭来说，什么才是正确的决定？这是谁都没法提前预料到的。

——丹尼尔，37岁，创业公司老板

一对3岁双胞胎和一个5岁男孩的父亲

企业在反思

近20年来，汉堡的社会企业家福尔克尔·拜施和他的"父亲们"非营利有限责任公司一直在向企业们展示，如何才能让父亲们兼顾工作量与日益增长的家庭参与需求。他的客户包括大型企业、中型企业和公共机构。首先，他会举办一场分析研讨工作坊，让经理与信息传播者在线上座谈会中碰面。"倾听那些家有年长子女的管理人员讲述他们自己的故事总是令人感动，"拜施描述道，"他们说到自己在回顾人生经历时会后悔些什么、自己又想让员工避免什么，毕竟他们对员工确实怀有着父亲般的感情。"

他带着顾问式的口吻称，父亲工作坊提供了一个"安全空间"，"由个人经历带动结构变革"。拜施认为这是一种三赢关系："如果我们能创造出兼容的环境，无论是男性、他们的家庭，还是企业都能从中受益。"这背后的假设听起来既合理又美好——一个会照顾孩子的男人会拥有更幸福、充实的人生，因而也能成为一名更优秀、更有韧性的员工。

我原本一心扑在事业上，但她出生之后，我头一次把她抱到自己的肚子上，她睁着小鹿般的大眼睛看着我。在那一瞬间，我立刻意识到，一切都天翻地覆了。听起来也许很浪漫，但事实就是这样。

——乔治，35岁，企业管理顾问

罗妮娅（4岁）的父亲

如今，很多公司也理解了这三者之间的关联。罗氏制药公司仅在德国境内就有17 000名员工，为了让"工作环境中的竞争机会更加公平"，只要员工家庭满足父母双方在孩子出生后头4年内至少兼职工作12个月这一条件，该公司就会向他们发放10 000至15 000欧元。[184]在信息技术企业惠普的德国分公司中，无论男女，员工都可以在孩子出生后休6个月的全薪育儿假。[185]雀巢食品公司的做法则有所不同：公司会为德国员工支付育儿津贴和正常工资之间的差额，最长可支付18周，从而让员工在这段时间里继续拿到正常工资。[186]毫不意外，思爱普软件公司的员工中有70%都是男性，而这家公司也为年轻父亲们提供了一项优惠政策：自2020年起，他们可以在孩子出生后前8周内减少20%的工作时间，但工资不变。[187]思爱普首席人力资源官卡瓦·尤诺西同时也是一个男孩的父亲。在接受采访时，尤诺西强调，他会尽量避免出差、推掉时间安排不合适的事务。对他而言，与儿子"一同起床，一同吃早餐"是一件"神圣不可侵犯"的事情："我们思爱普在有意识地改变自己的文化，这些改变包括更加灵活的工作时间、适合家庭的会议文化，以及可以兼职或共享的管理岗位。"[188]

―――― 第六章

全新工作世界中的悖论

上面这或许只是一张粗略的名单。当然,有人会说,思爱普和惠普这样的公司是在搞一种"社会责任洗白"[①],以求在人才竞争中显得特别进步。但即便如此,这依然证明了情况正在发生变化,我们对于好父亲的设想正在发生改变。几个世纪以来,人类一直仰望着专心事业的大家长的不朽丰碑。无论是在职场还是在外界,他都是一副硬汉做派,坚守自己的立场,全身心地投入到自己的工作与事业之中,只有在孩子过生日时(前提是他没在出差或是忘了日期),他才会花时间与下一代相处。早在几十年前,这座丰碑便开始出现裂痕,女权主义与"六八运动"是众多原因中的两个。但到了现在,它的地基也开始摇摇欲坠了。是什么拦住了我们将养家糊口的信用卡持有人雕像从其底座上推落在地呢?

我育儿假的典型场景之一:我和当时只有十个月大的女儿坐在客厅的地毯上玩积木。我是建筑师,她扮演哥斯拉,负责将我建造的摩天大楼、宫殿与大教堂推倒在地(不知道为什么,好像很少有人用积木搭建进行民主讨论的论坛,但这不重要)。当她野蛮而精准地推倒最后一块积木时,我又从口袋里掏出手机,在待办事项清单里输入了一些内容,或是打开Outlook检查邮件。和第一次见证女儿的钳形抓握相比,还有什么重要邮件值得我翘首以待呢?

―――――
[①] "社会责任洗白"(Social Washing),指企业针对其产品或服务的社会责任做出不实的形容和宣传。

时间本来就很紧张：我妻子在3点有个电话会议，所以我得去幼儿园接孩子。但我4点跟人约了要打电话。等我们匆忙赶到公寓后，我们只是做了简单的交接，然后我就躲进了书房里。但这让人感觉很不好，因为我其实很想花时间陪陪儿子，一起轻松地开启下午的生活。除此之外，只要有一件小事出了差错，一切就都全完了。这也很折磨我。

——斯特凡，38岁，信息技术专家

三个孩子（2岁、4岁、15岁）的父亲

也许新手爸爸的悖论在我这样的人身上体现得尤其明显。我是一名自由职业记者兼传播顾问，我的客户们（大部分）都很理解我。我没有上司，所以我可以全心全意地关注孩子，而不会有人强迫我在周六晚上每半小时查看一次邮件，我的老板就坐在我自己的脑子里。但这恰恰让整件事变得复杂了起来。

二十年来，社会学家和非虚构作品作者一直在用"'我'股份有限公司"（Ich-AG）或是"劳动力企业主"等术语描述现代职工。而他们的观察结果始终如一：现代职工不仅希望能从工作中获得稳定收入和物质保障，他们还希望能在工作中收获乐趣、实现自我、确认自己的身份，并且庆祝自己成为更大的存在中的一部分。由于工作与休闲、责任与享乐之间的界限正在消失，现代职场人渐渐很难将自我与工作区分开来。"新型的工作形式要利用一个人的全部。"社会学家兼企业管理顾问雅各布·施伦克在题为《自我剥削的艺术》的报告中这样写道，"它们要求并鼓励人们放弃区分有偿劳动与私人生活、理性思维与情感、大脑与

第六章

心灵、同事与朋友"[189]。"我们的激情在于……""我们为……而燃烧",公司总在用这种话形容自己和手下的员工。难怪它们不愿意松口呢。

> 我们经常在公司里说起兼顾工作与生活的问题。但董事会里有四个男的,他们加一起大概有将近16个孩子,但他们的家庭情况并不会对沟通产生什么影响。我们公司内部的爸爸联络网里有很多家庭参与度很高的男性,但几乎没人会休超过两个月的育儿假。我猜这是因为我们看到了女同事休长期产假后的下场。但事情不能再这样继续下去了。我很确定,如果我们有了第二个孩子,我和妻子都会做出和生第一胎时不同的决定。
>
> ——乔治,35岁,企业管理顾问
> 罗妮娅(4岁)的父亲

商业世界一直都是大男子主义的天下,在这里,最重要的是传统的男性价值观,例如魄力与业绩。企业唯利润效率论的思维与所谓"工作狂"和"高绩效员工"虚荣的自我形象结成了邪恶同盟,这些自我剥削的艺术家完全以工作来定义自己,被他们抛在脑后的可不仅仅是父亲这一角色。这是个悖论:全新的工作世界允许人们拥有更多的灵活性,新冠危机让人们广泛接受了居家办公。知识工作者更是可以越来越能够自行决定每天工作的时间和地点。理论上讲,从事这类职业的年轻父亲们应该能花更多的时间照顾家庭。然而,在实践中,恰恰是这全新的工作世界把我们与工作绑得更紧了。

对失去意义的恐惧

在为撰写本书而进行的舆观（YouGov）调查中，我们询问受访者是否有时会因为没有足够的时间、精力照顾家庭而感到内疚，近50%的母亲给出了肯定的答复，而给出相同答案的男性则只有1/3。[190]这是为什么呢？大多数男性的确认为与孩子在一起的时光很有意义。在2018年的一项研究中，60%的男性将照顾孩子的时间描述为"非常有意义"，持这一观点的人数几乎是认为有偿劳动非常有意义的男性的两倍。[191]然而，与此同时，父亲们在工位上待的时间越长，他们似乎就越幸福。社会学家马丁·施罗德就指出了这一点。多年来，他一直在研究社会环境、工作与个人幸福感之间的关系。每周工作50小时以上的父亲满意度是最高的，给出了7.1分（满分10分）。施罗德的以下发现格外引人注目："每周工作20小时而非50小时的父亲的生活满意度会降低将近0.4分。如果他们失业或是失去了伴侣，他们的生活满意度还会翻倍下降（下降0.9分）。"[192]

如今的年轻父亲们似乎是一种奇怪的生物。即便是采访科学家、阅读他们的研究报告，你依然会得出同样的印象。亚琛工业大学的心理学家维泽与施特茨对休育儿假的男性的情绪状况进行了大规模的研究。参与者要在电子平台做日记式的记录、回答标准化的问题、向研究人员报告自己前一天与工作环境中其他人的接触频率以及对于工作相关问题的担忧程度，例如休育儿假会给自己的职业生涯带来什么样的后果，或是要如何回归办公室生活。研究结果表明，"在接触频率较高的日子里，父亲们的想法

第六章

似乎会更多地落在他们的职业生活以及休假为职业生涯带来的可能负面影响上"。[193]

我们也许可以这样解读这项研究成果：父亲们似乎无法忍受自己不能继续在流水线上或是Excel表格面前逞英雄这件事儿。他们担心，没有他们，工作依然会继续进行。于是他们会不断提醒同事，让他们注意到自己。这就让他们更清楚地意识到，他们既不在工作现场，也并不是很高效，于是这进一步增加了他们的担忧。这是一个不断自我强化的过程。

> 为什么女人就得留在家里操持家务？她们一样有权利去工作，为自己做些事情。休完育儿假之后你会特别懂得重新接触社会是多么重要的一件事，你会感觉整个人都舒展开了。我觉得工作也很重要，也很能塑造性格。你还可以认识其他人，参与到他人的辩论中去。如果你整天待在家里——当然，我说这话并不是贬低家庭主妇和家庭"主夫"们的价值——你的个人发展很有可能会停滞不前。
>
> ——亚历山大，31岁，销售经理
> 马泰奥（2岁）与菲丽娜（4岁）的父亲

作为父亲，我自己也有过这样的想法。孩子出生后的头几个月，我还像以前一样继续在办公室工作，当我妻子抱怨没人认可她的付出时，我会感到很惊讶。"我整天忙忙碌碌，但没人看得见。"她某天晚上这样抱怨道，疲惫中带着愤怒与悲伤。起初，我以为这是她对我不公正的指责。毕竟，一方面，我认为自己用语言和行动对她的付出进行了赞赏；另一方面，我觉得自己天天去办公室上班、确保家里有钱入账也很值得表扬。直到我们分工安排发生了变化，我自己成了那个"待在家里"的人，我才真正明白，这和感谢、夸赞或是母亲勋章无关。说起家庭主妇/主夫时，人们总会说他们"待在家里无所事事"，仿佛他们天天就是舒舒服服瘫在沙发上闲着一样，但他们要做的事情却相当多，从早起煮粥忙到哄孩子午睡，这才刚熬到中场休息。我在智能手机上的提醒应用中勾掉一项又一项待办事务，清单越来越短，但这种美好的满足感却并不长久，因为这场博弈的对手是你自己。这就像在一台没有联网的游戏机上拿到了新的高分，并不会有人来给你点赞或是送上小红心。第二天，你又要从第一关开始打起。

相比之下，工作可太不一样了：对我们中的许多人而言，工作是我们身份的重要组成部分，我们是实干家、是专家、是解决问题的人。在职业领域中，总有人看见你。和同事一起工作、一起学习进步也许是一件很有趣的事情。再不济，每个月月底出现在银行账户里的工资也能证明你履行了自己的承诺。也许我们之所以在家里会感到不被人赏识，是因为我们自己本质上并不认可照料工作。毕竟别人就是这么教我们的。

小步走出工作陷阱

我们会谈起这个话题，我们能在谈话节目里和推特上说起这件事情，或是晚上11点半坐在家中厨房桌旁，一边赶在婴儿监护

第六章

器发出警报之前享用一杯红酒、一边提起这茬子事儿——这或许已经是一种胜利了。当女性在某一行业中占比增加时,这个行业就会失去尊严,这个事实在社会学上已然得到了证实。从事秘书这一职业的曾经是雄心勃勃、受过高等职业教育的男士。进入某一行业的女性越多,这一行业的地位跳水的幅度就越大。[194] 教师这一行也有类似的情况。在照料工作方面,我们倒可能看到完全相反局面的出现——尽管男性参与比例的涨幅相当缓慢。但无论如何,男性的参与比例在上涨。年轻的现代父亲们不只是待在家里,他们还会在朋友圈中、社交媒体上或非虚构类书籍中谈论这件事。有些人可能会觉得这种做法有点烦人,但这恰恰会促成新榜样的诞生,而在理想情况下,这些新榜样会激励其他父亲,为他们提供方向。

> 如果你在经济上承担得起的话,你是可以做到很多很多事情的。有一阵子我们两口子都是全职工作,我甚至要在法兰克福和柏林之间两头跑,互惠生和每周三天去幼儿园接孩子的保姆帮了我们大忙。你完全可以把一切安排得妥妥当当。但你既然要了孩子,就应该花时间陪伴他们,而不是让他们每周尽量能多在托管机构待一会儿是一会儿。
>
> ——丹尼尔,37岁,创业公司老板
> 一对3岁双胞胎和一个5岁男孩的父亲

心理学家贝蒂娜·维泽推测,许多男性可能会在工作中避免提及家庭生活。"如果有人问:'下午4点方便打电话沟通一下吗？'你可以给出两种回答：'不行，我有别的安排。'或者是'不行，我那会儿不巧得去幼儿园接孩子。'"何不开诚布公地给出真实的答案呢？何况这真实的答案完全值得你感到自豪。

深入研读有关现代父亲的诸多研究和调查不只会让人产生摇头或翻白眼的冲动，也会让人看到希望。上文中我们提到了来自亚琛工业大学的贝蒂娜·维泽和安娜·施特茨所进行的研究。她们在研究报告中也提到，和只在家待上两个月的父亲相比，中断有偿劳动时间较长的父亲更少担心自己的工作效率，他们似乎有些摆脱了对在会议桌上与咖啡机前寻求认可与自我肯定的沉迷，并且重新安排了事项的优先级。除此之外，还有一些东西也能帮到那些深受不安全感与忧虑折磨、对意义和价值产生怀疑的年轻父亲，那就是他们各自职场环境的文化。社会学家斯特凡·罗伊斯指明了这一联系的存在，通过对育儿假进行研究，他得出了这样的结论：父亲们的顶头上司会对他们是否休育儿假、休多久育儿假造成影响。[195] 当然，这个结论并不令人称奇。人们总是会以同事和权威作为参考，而上司们不仅能批准申请、决定下属们休完育儿假后的职业发展，他们往往还是"过来人"，因此可以作为下属们的榜样。

换句话说：休长育儿假的父亲越多，人们就越能接受这种做法。只要父亲们积累了从事照料工作的经验，他们就能学会如何在工作之外获得认可与自我肯定。但我们真的有时间相信这种情感流行病的效果吗？尽管不积跬步、无以至千里，但现在这样的速度真的足够吗？

第六章

政策的责任

2019年1月17日是一个值得庆祝的日子，因为这一天让我们清楚地看到，我们离目标究竟还有多远。时任联邦议院主席沃尔夫冈·朔伊布勒在纪念大会上发表了题为《百年妇女选举权》的讲话，在讲话中，这位来自基民盟的年长男士明确地表达了自己身为性别平等激进斗士的立场：他认为，我们不可避免地意识到，"我们必须对一些活动——养育子女、家务劳动、照料亲人——进行重新分工，这些活动对我们的社会至关重要，而时至今日，在无偿承担它们的依然是女性。"他还说："只有男性和女性都能真正自由地决定自己生活中各项事务的优先级，而无须放弃事业、家庭或社会参与时，我们才能实现这个目标。"[196] 然而，在2021年的联邦议院选举中，尽管此前经历了疫情的冲击，协调家庭－事业关系等问题并没有获得太多关注（也许造成这一事实的恰恰是疫情的冲击）——各党派的总理候选人热议的是退休金、国内安全与应对气候变化的绿色新政。而在一般德国人心中，能源和环境、新冠肺炎疫情与接纳难民才是当前"最重要的问题"。[197] 因此，要想争取到新的法规与价值观，我们只能依靠家庭政策方面的"议院外反对派"了。"支持父母"倡议运动要求将"为人父母"作为歧视判定标准之一，列入《一般平等待遇法》第一条，从而避免有人在工作中因婚姻或生育情况受到直接或间接的歧视，例如在求职面试中被问及之后的成家意向，或是兼职申请遭到不公正的拒绝。[198]

这一运动的核心之一是脸书上的"危机中的父母"群组，该群组成立于疫情开始的头几个月里，群组成员很快就上升到了几千人[199]，毕竟在封城的前提下，想要兼顾家庭与工作实在是难上加难。联邦议院大选前不久，有人在网上发起了一项请愿活动，要求男性在孩子出生后可休十天的陪产假，与母亲们的法定产假类似，在此期间，用人单位要继续为父亲们支付工资。[200]挪威也有类似的模式：在挪威，男性可以在孩子出生后的头两周享受独立于育儿假的特别休假。这种政策的思路是，如果父亲在孩子出生后的头几天内在场且参与照顾孩子，这将对亲子关系的进一步发展带来积极影响，同时也有利于实现长期的性别平等。[201]如果这一要求成为现实，这将是对现有育儿津贴计划的一种补充，这一倡议门槛更低，因此接受的人可能也会更多。

像这样的好点子有很多，有些是本国专家提出来的倡议，有些则是世界其他地方已经推行的政策。如果我们以开放的心态思考这个问题，我们肯定能想出更多的主意。为什么我们新一届的"红绿灯"政府①不能召集一个家庭政策专家小组，收集国内外的创新想法，研究一种"最佳做法"，制订一套实施计划，从而让德国成为全世界在家庭政策方面最先进的国家呢？

无偿工作的丑闻

为什么我们不把眼光放得更远一些呢？为什么我们不重新审

---

① "红绿灯"政府，指2021年德国联邦议院选举后产生的新一届政府，得名于此次联合执政三大政党的代表色（社民党为红色、绿党为绿色、自由民主党为黄色）。

视一下有偿劳动与家务劳动之间的关系呢？18世纪末，经济学的主保圣人亚当·斯密写下了他的国民经济与市场理论，塑造了我们对于现代有偿劳动的认知，但他忽略了这样一个事实：手工业者、农民与第一批工厂雇员之所以能够从事他们的工作，是因为他们的母亲和妻子在家里操持家务、照顾孩子。

斯密并没有为自己的疏忽找一个正经借口，毕竟他直到晚年都还和母亲生活在一起："要没有他母亲把饭菜端上桌，他也吃不上晚饭。"[202]

在工业化与资产阶级社会早期，人们发展出了现代的性别分工。男性离家外出工作，而女性则"满怀爱意地"（人们总爱强调这一点）照顾孩子与全家人（参见本书第一章）。在随后的几十年乃至几个世纪里，这种分工所造成的不公正竟然没有引发起义，这只能归功于社会层面的魔法与强硬的暴力手段。在不断发展的资本主义社会中，男性的工作报酬时高时低，而女性则只能领到一笔敷衍的零花钱。然而，照料工作——学名叫作"照顾性质的（再）生产活动"[203]——是所有有偿劳动的基础：只有家庭中有人无偿组织育儿和家务劳动，这些小型社会单位才能派出成员进入公司工作。

这种分工方式直到今天依然没有发生很大的变化。据非政府组织乐施会的计算，全世界妇女每天无偿工作时间超过120亿小时。德国男性无偿工作时间约占总工作时间的1/3，而女性无偿工作时间的比例则高达2/3。[204] 这种不公正我们究竟还能忍受多久？

无偿照料工作是个大问题，要想靠非虚构书籍里区区几页纸的篇幅解决这个问题显然是不可能的。但有一点是肯定的：我们必须开始讨论这个问题了。能给照料工作支付报酬吗？早在20世纪70年代就有人发起了"给家务劳动付工资"运动。更新的提议是所谓的"照料劳动预算"，即国家对公民们因照顾子女而造成的收入损失进行补偿。[205]

预算也好，工资也罢，无论什么对策，都不应当让"男主外、女主内"的不公平分工得到进一步固化。然而，支付一定的报酬也许真的可以保证照料工作的形象在物质层面和观念层面都得到一定提升，从而使其对男性也更具吸引力。

无条件的基本收入也能起到类似的效果，支持这一方案的不仅有左翼理论家，还有包括埃隆·马斯克与马克·扎克伯格在内的几乎全体硅谷精英。它可以让年轻家庭在财务上有更大的回旋余地，让父母能够自由减少工作时间，减轻他们投身家务劳动时的压力。低收入家庭是基本收入方案的最大受益者，毕竟他们不能像高收入家庭那样，自己顶着工作的重担，雇用大批保姆、家庭教师与保洁员来让自己在生活中获得一丝喘息的空间。

我二十一岁那年，我父母离婚了——场面跟《玫瑰战争》①如出一辙。由于我的母亲二十年来基本没怎么上过班，她的经济状况要比我父亲差很多。从某种意义上说，我的父母成了我的反面典型。我不希望我和我的伴侣之间出现这么明显的权力

---

① 《玫瑰战争》(*The War of the Roses*)，1989年上映的美国黑色喜剧电影，改编自沃伦·阿德勒（Warren Adler）1981年出版的同名小说，电影的主人公是一对看似恩爱的富有夫妻，剧情主要围绕着二人婚姻破裂后争夺物质财产而引起的离婚大战展开。

第六章

失衡，家庭中的平等同样和财务与社会层面的平等息息相关。

——斯特凡，38岁，信息技术专家

三个孩子（2岁、4岁、15岁）的父亲

我们什么时候才能开始考虑缩短工作时间呢？21世纪的"高绩效员工"每天累死累活的工作时长几乎和工业化初期的第一批工厂工人一样，而这些前辈早在19世纪初就开始反对十二小时轮班工作制了——真是奇了怪了。"八小时工作，八小时休息，八小时休闲"这个口号在1817年就诞生了。[206] 1866年，卡尔·马克思就在第一次国际工人大会上提出了八小时工作制[207]，但这一制度直到战后的1918年才在德国得到强制推行。20世纪50年代，德国的各个工会为争取每周五天工作制而打出了"爸爸的周六归我"这一著名口号——有趣的是，当年的这个口号就已经指向了事业与家庭兼顾这个方向。[208] 当时，人们普遍认为，技术进步会不断缩短人们的工作时间。经济学家约翰·梅纳德·凯恩斯早在1930年就做出预测，认为技术变革与生产率的提高会让2030年的人们每周只需要工作十五个小时。[209] 我们还有八年①的时间，而如今的实际工作时间依然是每周四十一个小时。[210] 在某种程度上，这不仅毫无必要，还加剧了照料工作的不平等分配。要么父母中的一方（通常是女性）选择兼职工作或者完全放弃工作，要么就得把家务劳动叠加在职场工作的重担之上——而这种做法会带来很多副作用。"双方全职工作加上家务，非常容易引发职业倦怠。"任职于亲工

---

① 本书原版出版于2022年。

会的汉斯·博克勒基金会的政治学家克里斯蒂娜·席尔德曼这样说道。[211]

> 我们公司早在疫情之前就可以居家办公了。我的妻子是一家银行的高管,她刚生完孩子那会儿兼职工作了一阵子,然后就离家全职上班了。所以说,我俩可以在不同的时间在家陪孩子,这让我和孩子们之间产生了非常紧密的联系。
>
> ——马蒂亚斯,42岁,工程师
> 两个男孩(8岁、11岁)的父亲

我们几乎可以认为,我们工作得太久了,以至于都没有时间去思考要如何更有意义地安排工作。尽管科学技术取得了巨大进步,生产力也有了超乎想象的提高,但为什么没人再去呼吁缩短工作时间呢?为什么劳动者不去行使他们毋庸置疑拥有的权力呢?在技术人员短缺的年代,工人理应向雇主提出自己的条件。年轻家庭尤其应当利用这一点。为什么没有人呼吁推行六小时工作制,或者每周四天工作制?为什么爸爸妈妈们留给孩子的只有周六,而永远不包括周二、周三下午3点半之后的时间?

我们该怎么办?

在关于性别平等的论战中,我们常常认为改良家庭分工是我们自己的责任,只要我们能更聪明一些、更自律一些、更开放一些,我们就能找到解决办法,然后所有人就都能过上幸福快乐的生活，从而创造出一个更加美好的世界，如果他们还没有去世，那他们……

但这样做其实是我们在苛责自己，最终只能以失败告终。"人们自己创造自己的历史，"卡尔·马克思在《路易·波拿巴的雾月十八日》一文中这样写道，"但他们并不是随心所欲地创造，并不是在他们自己选定的条件下创造，而是在直接碰到的、既定的、从过去承继下来的条件下创造。一切已死的先辈们的传统，像梦魇一样纠缠着活人的头脑。"[212]

摆脱这一重担是一项艰巨的任务，需要许多不同层面的变革。这种变革不能仅仅出现在个体的小家庭中，更要在社会政治的辩论中发生。这不该是绝望与放弃的借口，而应当是开始实干的理由。

一张图胜过 13 179 个字

父亲们希望雇主和老板能使他们实现工作与生活的平衡，这是有道理的。

意愿的确存在

在选择未来就业单位时，能否平衡家庭与事业对我而言是一项重要因素。[174]

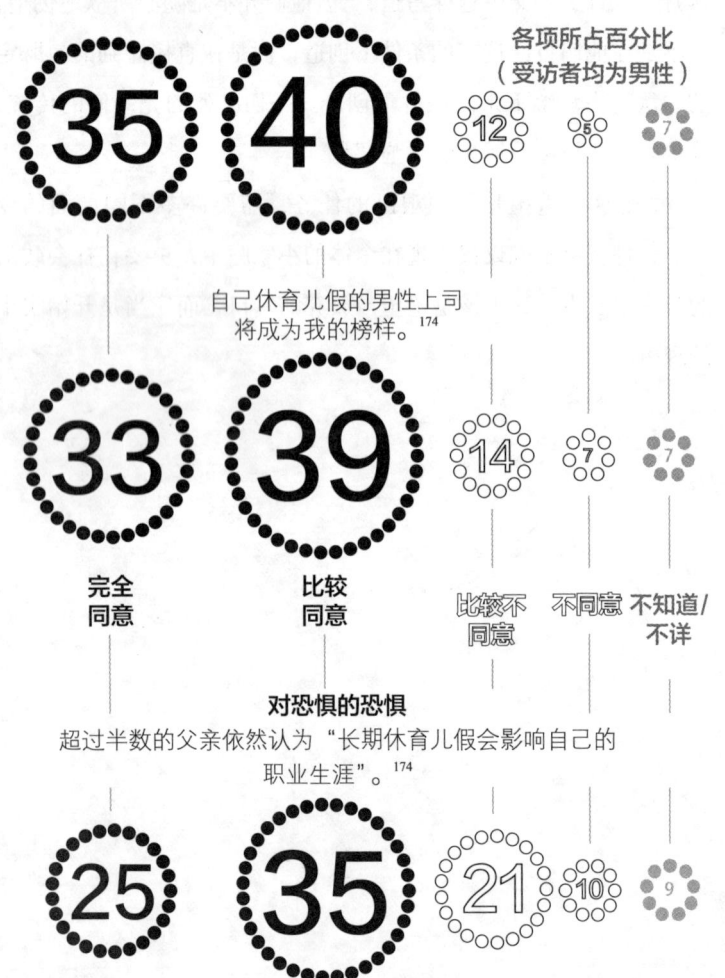

35 **40** **12** **5** **7**

各项所占百分比
（受访者均为男性）

自己休育儿假的男性上司将成为我的榜样。[174]

33 **39** **14** **7** **7**

完全同意   比较同意   比较不同意   不同意   不知道/不详

对恐惧的恐惧

超过半数的父亲依然认为"长期休育儿假会影响自己的职业生涯"。[174]

25 **35** **21** **10** **9**

第六章

平坦曲线

8小时工作制在德国几乎成了自然法一般的存在——爸爸妈妈什么时候才能有空陪陪孩子？[228]

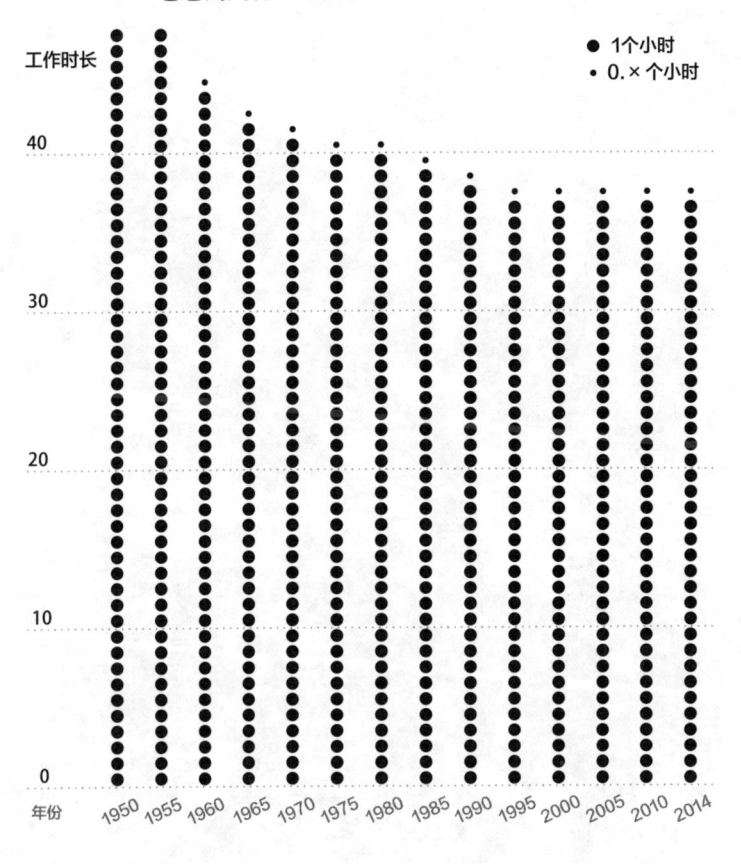

● 1个小时
· 0.×个小时

工作时长（纵轴：0、10、20、30、40）
年份：1950 1955 1960 1965 1970 1975 1980 1985 1990 1995 2000 2005 2010 2014

稳妥之选
如果父母双方都全职工作，孩子的贫困风险为1.4%，而单收入家庭子女的贫困风险则将近这个数字的12倍。[183]

百分之七
父亲每在家多休1个月的育儿假，母亲的月收入就会上涨这么多。[182]

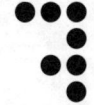

结 语

"你得改变你的生活！"

全天下的父母都有一个共同的心愿，那就是给孩子们留下一个更加美好的世界。长期以来，这个愿望都是关于物质保障与人生发展机遇的。然而，与我们父母那一辈不同，我们无法依赖所谓的稳定增长，甚至不得不开始怀疑这一曾被奉为圭臬的原则。21世纪的世界似乎难以捉摸又动荡不安：气候变化、数字化、亢奋又难以预测的金融市场、反馈环混乱的全球经济。也许每个人都有这样的感受：当下的许多问题与挑战无比复杂，似乎完全无解。一早醒来，你总是精神抖擞干劲十足，但等你意识到要在多少个层面上使多少因素和参与者发生改变才能让事情出现转机时，你就只有垂头丧气地瘫回沙发里的分儿了。我究竟能做些什么呢？要想让事态在某种程度上维持现状，一切都得改变。但这又要怎么做呢？

第一眼看上去，本书的主题也可以归入"似乎无解的问题"之列：父亲与母亲之间现有的照料差距和冰封一般停滞不前的变革速度都实在令人沮丧，传统性别角色、来自社会结构的阻挠与个体的抵抗所结成的邪恶联盟又似乎太过于强大。但这种印象会对人造成误导。首先，这一主题与人们的日常生活息息相关，人们可以随时随地开始行动。其次，这样微小的开端能够带来直接切实的影响：如果我从明天起把车卖了或是抵制汉莎航空，我并不能立刻看到德国的碳排放水平出现任何显著的变化；但如果我从明天开始改变自己作为男性与父亲在家庭和公司中的行为，如果我多思考、多交谈、多倾听、多要求、多付出，那我周围的环境很快就会发生变化——管它夫妻税制会不会继续阴魂不散五十年呢。

在调研过程中，我发现了很多以前没有意识到的问题。完成本书后，我看待世界与自己的眼光也许比之前更严格了，也更能意识到一些细微的差别。然而，即便是最悲观的人也不能忽视一个事实：各个地方、各个领域都出现了积极的变化。既然父亲这个身份每时每刻都伴随着你，那你自然可以从此时此刻开始，成为一个更好的父亲。

收获颇丰

很多接受采访的父亲都觉得这本书的书名起得不太贴切："我们明明已经很努力了啊，为什么说我们是坏爸爸？"我觉得，为了打破僵化的结构、唤醒麻木的我们，一点小小的挑衅倒也无伤大雅。平等地分担家务劳动、满足夫妻双方的需要与利益，这的确是道德层面上的要求，但在许多层面上，我们男性确实能够收获很多东西。我在本书中引用了许多研究，这些研究表明，参与家务劳动的父亲的生活满意度出现了显著提高——这一点其实并

―― 结　语

不奇怪。迄今为止，男性依然主要从工作中获取肯定与积极反馈，但与孩子们朝夕相处，而且知道自己在为他们打下人生的良好基础，这种感觉至少可以媲美成功完成一个工作项目吧。如果与家人共处的时间不只是靠牺牲休闲、运动与社交生活换来的，而是已然成为日常生活的一部分，身心状况也会得到改善。对男性而言，他们的生活内容往往除了在办公室上班，就是在家度过的短短几个小时，这会让他们的社会交往越来越少。如果他们能够拥有办公室和起居室之外的社交场所，比如幼儿园、学校和孩子的体育俱乐部，他们的社交范围就会扩大。

除此之外，如果男性将养育孩子、照顾家人视作自己义不容辞的责任，夫妻关系的质量也会提高，[213] 因为家庭不应该是一台以分工为基础的机器，而是一个团队。这个团队不仅能让伴侣双方都实现自我发展，更能提高整个家庭的危机抵抗力。根据《婚姻与家庭杂志》上的一篇文章，男方像女方一样积极参与家庭事务的夫妻要比传统夫妻有更多的性生活。[214] 除此之外，参与家庭生活自然也会改善我们和孩子们的关系。至于能改善多少，我们并不清楚……由于育儿津贴政策2007年才开始实行，而男性也是自那时起才开始参与家庭事务（而且参与比例涨幅非常缓慢），因此，我们尚不清楚这会对亲子双方此后人生中的关系带来什么样的影响——我们可是敢为人先的开路者。

还有一项令人印象深刻的研究同样不容忽视。这项研究表明，积极担负起父亲职责的男性往往会在性别平等政策或移民政策方面支持更加进步的政治要求。[215] 参与家庭生活会让我们发生改变，而这反过来也会改变整个社会的状态。经济学荣休教授阿德尔海德·比塞克认为，一种无法包容护理劳动的经济模式"从结构上就是不可持续的"[216]。而我们需要的就是这个。

因此，这是一个四赢局面、是恶性循环的反面、是一个不断自我强化的过程，它能依靠未知的临界点获得意想不到的动力，让事态意外地向着积极的方向发展。

各色解决方案

刚开始写这本书的时候我就想好了，我不会给（准）父母们写一本指导手册，告诉他们只要**五步走**，**铁定**能摆脱兼顾事业与家庭的陷阱。因为每个家庭都各有各自的喜怒哀乐；因为我不相信复杂的社会问题能靠简单的诀窍轻轻松松得到解决；因为正如书名所说，我觉得自己有时是好爸爸、有时是坏爸爸。我凭什么能用自己的矛盾纠结给别人指点江山呢？尽管如此，在每次采访的最后，我还是向各位专家抛出了这个问题：你们在家务劳动平等这个问题上究竟学到了什么？我本以为各位经济学家、社会学家与政治学家[217]肯定会大谈教育和税收政策，但他们给出的建议却出人意料地实用：

"相互交流总是有用的。"

"尽管很费劲儿，但我真的很喜欢夫妻协商模式。"

"孩子出生之后，你往往就没时间思考自己真正想要什么了。"

"不要以为统计数字与自己的生活无关！"

改革我们的劳动社会、税务法律与家庭政策当然是解决问题

结语

的核心,但除此之外,我们在现实生活中的行为——或者说人类的美德——也同样至关重要。我觉得这一点特别令人兴奋,也很能鼓舞人心,因为这个想法会让你觉得自己不再是社会这个无垠宇宙中的一个基本粒子,而是会增强你对自我效能的信念。私人领域依然是政治领域,但这是一件好事。因为日常规范并不是一成不变的;因为进步的榜样能够让同事们直接获益;因为作为父母,你必然时时在想,自己究竟为孩子们树立了什么样的榜样。因此,我在下面列出了一份五个要点的清单,但我不能保证这份清单百分百奏效。

(1) 诚实

这个项目开始于我的对镜自照。镜子里照出来的模样未必总令人满意。你会突然发现头上多了一根白发、身上多了一道皱纹,而它们本不该出现。你会意识到,自己身上正在发生一些不为人知的变化,这些变化既不讨人喜欢,也不符合你的自我认知形象。即便面前没有立着一面镜子,人也总会有自我醒悟的时刻,意识到自己的不足与无能,发现自己的不作为。孩子的体检手册到底在哪儿?我怎么才能联系上我女儿幼儿园玩伴的家长?作为一个自诩积极参与家庭生活的父亲,知道这些难道不是理所应当的事情吗?我突然意识到,我不仅年纪大了、跑得不如之前快了,我甚至成了那55%声称自己想承担一半育儿责任但从未付诸行动的男人之一[218]。尽管嘴上说得天花乱坠,但男性承担的平均家务劳动量依然只有女性的一半(参见本书第一章、第三章和

第六章）。[219]这种（自我）认识并不意味着男性懒惰或是故意偷懒——"梦回1960，努力工作，尽情玩乐！"但很明显，我们所处的环境和我们孩子的母亲不一样。我们的成长环境不同，办公室里其他同事看待我们的眼光也不同，周遭环境甚至不指望我们能破解平衡照料家人与工作赚钱的原初理论，我们得到的掌声已经够多了。即便到了2022年，男性与父亲们依然享有特权。

要承认这一点并不容易。如果我们是受益的一方，我们往往不愿意承认自己接受了别人的帮助。上学时，没有人喜欢女同桌抄自己作业。美国社会心理学家泰勒·菲利普斯认为，许多男性恰恰是因此而不愿承认，自己的人生之所以更加轻松愉快，只是因为他们的指派性别是男性。菲利普斯还补充说："有特权的人甚至意识不到自己拥有特权。"在她看来，这不仅是因为男性要求获得更多的权力，更因为特权阶层的个体不愿意为他人的不幸和世界上的不公承担责任。菲利普斯表示，如果能让人们在谈论自己的特权时不感到不安、不感到自己被描绘成了坏人，他们就会更有动力改变现状。[220]世界变成现在这个样子，这并不是我们的错。但如果我们放任它一成不变，那这才该怪我们。

（2）坦率

当然，我们这些爸爸并不是孤身一人站在镜子前，我们的身边还有各自的伴侣和孩子们。这画面往往像极了19世纪的全家福，穿着深色西装的大家长站在画面的最上方，其他人则坐着，处于从属地位。

── 结 语

我们就这么稀里糊涂地变成这样了。

如果五年前有人告诉我,我现在会成为家里唯一的经济支柱,而我的妻子已经在家待了两年,我一定会大声笑出来。

我经常在想,我们怎么会沦落到如今这步田地。

在接受采访的各位父亲中,很少有人会因为传统父亲角色符合自己的价值观与兴趣而故意选择成为这种形象。很多专家认为,头胎出生后两性关系出现再传统化的一大原因是夫妻之间缺乏沟通。两口子会花上几个小时的时间从"凯文-米娅量表"[①]上给孩子挑一个好名字,或者给孩子填写改良幼儿园或是森林幼儿园的报名表,但他们并不会一起研读育儿津贴手册。"在大多数亲密关系中,具体的协商太少,隐含的假设太多。"作家帕特里夏·卡玛拉塔也这样认为。[221]咱们对共同生活有什么样的设想?我的愿望是什么?你的愿望是什么?你如何看待自己作为父母的身份?我们的职业生活该怎么安排?为了不在工作与家庭中忙得不可开交、失去自我,我们应该怎么做?矛盾的是,这种距离恰恰是现代关系中的亲密感造成的。我们彼此相爱。我们了解对方。如果我们不了解对方,我们也就不会相爱了。

但要想解决问题,首先就必须认识并理解问题的复杂性。而这一点只有与伴侣进行沟通才能做到。

---

① 原文为"Kevin-Mia-Skala",此量表为作者虚构,实际并不存在。"凯文"和"米娅"这两个名字在德国文化中有一定代表性:"米娅"为德国新生儿中的流行女名,而"凯文"这个名字则因其负面联想和刻板印象而不受欢迎——德国人认为叫凯文的人往往行为习惯和成绩不好,并且来自社会底层。

你可以挑一个自己喜欢的方法解决这个问题：有些人会使用Excel表格或是项目管理工具，有些人则选择心理治疗般的散步：我们现在身处何处？我们要去向何方？我们要回头吗？

只有一种选择绝对行不通，那就是沉默。

（3）社群

我们总喜欢把自己视作人生故事的作者，独立做决定，亲自掌握传记的叙事与情节。然而，当我们意识到其实有一根线在牵着我们走，或是道路两侧有高墙在指定我们的前进方向时，我们也许会注意到，无论我们多么努力，我们也不能靠单打独斗解决一切问题。在受访的父亲中，只有30%的男性会去接触其他父亲。[222] 要让一个男人找到家里有大孩子的好兄弟，问他有没有闲置的86码婴儿连体衣，这个画面简直又荒唐、又可笑。但是，如果你像古早图画书里的男性一样拒绝外界的一切帮助，你就不可能成为新派男性。因为男人就是要做男人该做的事儿。"这事儿你一个人办不成。"摄影师兼女权主义者约翰·贝夫曼（参见本书第三章）如是说。这话可谓是一语道破天机。要意识到在任何情况下你都不能孤军奋战，这需要你拥有洞察力和一颗谦逊的心。你要让妻子成为你的合作伙伴与帮手、你要和公司同事公开讨论育儿假和家庭事业平衡等一系列话题，还要建立一个小小的"爸爸联络网"——毕竟与上一代人相比，年轻一代的职场人对事业、工作与生活的平衡以及自我实现之间的联系有着截然不同的看法。这些男性参与比例依然不高的家长联络网存在的目的不

—— 结 语

仅是让父母们在从幼儿园放学到吃晚饭这段时间里保持良好的心情（尽管这也很重要），更是在紧急情况下提供具体的支持，帮助家长进行自己的政治利益表达。尽管距离建立首个家长联盟还有很长的路要走，但有些联络网（例如新冠肺炎疫情期间成立的脸书群组"危机中的父母"）能够组织示威活动，并被政治家与媒体视作对谈伙伴，这就是朝着正确方向迈出的一步。瑞士社会学家弗兰齐斯卡·舒茨巴赫著有《女性的疲惫》一书，她认为："如果我们将疲惫视为个人问题，我们就不会提出任何政治要求了。我们只会乖乖地去练瑜伽，瑜伽可是相当去政治化的。"[223] 对男性也是同理。

（4）昂扬斗志

疫情让父母政治化了，这种政治化发生在家中的厨房里、发生在朋友社交圈中，也发生在推特上和联邦议院里。在这艰难的几个月中，人们清楚地意识到，家庭政策并非格哈特·施罗德口中所说的"小题大做"，而是社会与经济秩序的基础。封城隔离政策让父母们不得不独自重新平衡事业与家庭，他们的愤怒与不满必须在政治上有所体现。我们需要勇气与毅力，真正为我们认为正确的事物而战，并在投票时做出相应的选择。根据联邦财政部的说法，1955年推行夫妻税制是为了"引导妻子回归家庭"[224]，但都2022年了，为什么我们还在实行夫妻税制，为什么我们不去支持未婚伴侣或是单亲家长，而是继续鼓励单收入家庭模式？为什么德国不敢和冰岛一样立法禁止男女同工不同酬，并且规定了严厉的处罚措施？[225] 为什么我们不能至少认认真真地讨论一下护理工作报酬或是社会基本收入这些想法？将协调工作与家庭生活问题作为毕生事业的顶级政治家（最好是男政治家）又在哪里？

新冠肺炎疫情与封城已经向我们证明了一件事情：大刀阔斧地改变工作方式并不会让天塌下来——我们的居家办公比例可是在短短几个月内就涨到了35%。[226] 这同样也证明了一点：那些为现状辩护的人和那些声称"以前从来没有这么做过"的人现在可一个论据都拿不出手了。

（5）敢于更加乐观

毫无疑问，我们面前的挑战是艰巨的。但是，如果我们能完成待办事项清单上的前四点（对不起！），如果我们能够认真审视自己、相互交流、建立联系、提出明确的要求，也许我们确实可以在心态上放松一下。因为我们需要幽默感来应对这条漫漫长路上的无数挫折，在经历失败后再度振作起来，重新开始并且做得更好；因为我们需要相互鼓励，共同进步。无数的职业生涯指南都建议管理者多给予积极的反馈，从而提高工作效率、改善工作氛围。所以为什么人们偏偏在亲密关系中最难得到表扬和激励呢？

其实这是件很了不起的成就：双方白天都要上班，下班回来要做饭、刷碗（或者至少有刷碗的打算）、照顾孩子，晚上要躺在床上交流看过的书，要一同旅行、给孩子的奶奶写信庆祝生日，甚至偶尔还能来点性生活。为什么我们不多为自己庆祝一下呢？为什么我们总是急于批评自己的伴侣，却很难对他们表达感谢或赞美呢？毕竟道理是这样的：如果我对卖冰淇淋的美言几句，他们就会给我装更多的冰淇淋。[227] 这些微观干预并不能摧毁父权制，但它们可以让你骗过自己和你的伴侣，从而让变革不断进行下去。

美好生活从今天开始

还有一件事也能给我们加油打气：争取性别平等的斗争从未像今时今日一样容易。在过去的几十年里，性别角色的刻板印象已经出现了动摇。古老的大家长不再稳坐在他的宝座之上，他那饱受痛风折磨的统治之手在颤抖，只需轻轻一推就能将他推翻。

女性或许从未像今天一样满腔愤怒、充满自信。而男性，尽管遭遇了种种学习障碍与退行性行为，依然表现出了前所未有的开放心态，愿意自我完善。我们当然可以利用这种现状。我们何不从此时此刻开始、从此地出发，大步向前迈进呢？这项开创性工作造福的不仅是我们自己，还有我们的孩子，这感觉可真好。

附 录

链接与工具

你不是一个人在战斗！

时至今日，针对父亲们的线上媒体与在线平台网站数量增长速度可比休育儿假的男性占比的增长速度还快。这些线上资源明确表示自己面向的是积极参与家庭生活的父亲，其中很多平台都是由父亲们亲自创立的，因为他们在女性主导的传统育儿平台网站上找不到自己的位置。下面，我来简要概括一下这片充满活力的网络环境（不保证介绍的完整性）。

门户网站与论坛

www.papa.de

父亲们需要什么？父亲们在担心什么？父亲们对事物的看法是什么？这份育儿电子杂志兼门户网站汇集了各种指南与在线工具，从怀孕到保险、从产品测评到行为提示，提纲挈领、一览无余。适合比起阅读经典育儿指南，更喜欢点击网站链接的人。

相关链接：www.vaterfreuden.de

www.urbia.de/forum/57-forum-fuer-vaeter

所有问题都是好问题：在这个由同道者组成的论坛中，无论爸爸们是初为人父、正在休育儿假，还是无法理解自己十几岁的女儿，他们都可以充分获得集体智慧的帮助。

相关链接：新教教会希望借助www.vaterundkind.de这一网站加强父亲与子女之间的联系。

www.bundesforum-maenner.de

"以平等为导向的男性政策"是这个利益集团的承诺。该政策主要针对的是与子女的母亲分居的父亲们。在这种情况下，男性享有什么样的权利呢？

你也许会对这个网站感兴趣：maennerberatungsnetz.de

www.papa-online.com

"育儿论坛并不适合父亲们。""爸爸在线"（papa online）这样声称。为什么呢？网站创始人安德烈亚斯·洛伦兹表示，因为那些论坛里99%的活跃用户都是女性。在九节免费的通讯课程中，他将帮助各位"同命相连者"解决包括"如何将孩子与亲密关系结合起来"在内的诸多问题，并同时提供他的两个播客："两小时爸爸"（2-Stunden-Papa）与"爸爸在线"（papa online）。

脸书群组"只为了爸爸"（Nur für Papas）（58 800名成员）

对一些人来说，在在线论坛上公开提问可能是件难事。但在"只为了爸爸"或是"真正的爸爸们"（Echte Papas）这样的脸书群组中，每个成员的进组申请都要经过管理员手动确认。这就为志同道合的人创造了一个安全交流的空间，在这里，你提什么问题都不尴尬。

链接：www.facebook.com/groups/nurfuerpapas

协会与倡议运动

www.vaeteraufbruch.de

一串值得记住的号码：01805-120120。自1999年以来，该协会的热线电话几乎全天候有人接听。除初次联系外，这条热线电话还可以就亲子关系、夫妻心理治疗和离婚等问题提供长期帮助，教育学家、诉讼监护人、律师或是机构的长期成员都能为您提供帮助。

www.vaeter-netzwerk.de

帮助自助者应对困境。该倡议运动还对相关主题的研究项目提供支持，研究成果将提交给政治家，以推动法律框架的建立。

相关链接："父亲专家网络"（Väter-Experten-Netz）关注男女权利平等。（网址：www.vend-ev.de）

www.vaeterzentrum-berlin.de

无聊乏味的周日下午是全家人（包括父亲、母亲与孩子）的噩梦。为了从根本上避免这种情况的发生，父亲中心不仅提供了一系列休闲活动，更为家庭提供了交流空间与速成班。

名语录："做一个积极参与家庭生活的父亲不仅有益于父亲自己，也对孩子和母亲有好处。"

www.vaeter-ggmbh.de

这里追求的是"更有父亲味儿"：男性不仅要重新思考如何做父亲，更要争取合适的大框架结构——Y世代[①]对这点尤其感兴趣。企业也能在此找到一个联络点，从而支持男性员工平衡工作与家庭。该非营利公司还办有相应的播客、通讯以及"父亲峰会"等活动。

名语录："我们相信，以伙伴关系为基础的现代工作文化与兼容性文化是在职场上推动机会平等与待遇平等的先决条件。"

媒体

《男士健康（爸爸版）》（*Dad—Men's Health*）

众所周知，现代男性无所不能，他们体格健壮，衣着光鲜，工作体

---

① Y世代（Generation Y），指20世纪80年代初至90年代中期出生的一代人。

面。这就是《男士健康》杂志的宗旨。为了保证现代男性同样知道如何当一个好爸爸,自2021年起,《男士健康》杂志开始发行副刊"爸爸版",主要面向准爸爸和孩子尚在小学学龄的父亲,为他们提供从换尿布到家庭教育的各种小贴士。除电子版外,还有精美的纸质杂志可供购买!

链接:www.menshealth.de/dad

《父亲》杂志(*Fatherly*)

既要培养出优秀的孩子,又要享受充实的成年人生活,听着真不错,但这真的可能吗?《父亲》杂志以此作为自己的使命。在这里,经验丰富的编辑们以不同的数字化形式对各种主题进行报道,例如明星设计师设计的纸飞机,或是现实生活中的实用生存技巧。

链接:www.fatherly.com

《爸色可餐》在线杂志(*Daddylicious*)

当凯·伯泽尔发现自己即将成为一名父亲时,他想让自己做好充分的准备,但他在网上找到的信息大部分是写给准妈妈们看的。因此,2013年,他与马克·布里希特尔一同创办了在线杂志《爸色可餐》,旨在帮助准爸爸、年轻爸爸和老手爸爸们更好地养育子女。从自行车儿童拖车测评到激动人心的爸爸访谈,这里应有尽有。

链接:www.daddylicious.de

播客

真正的爸爸们(Echte Papas)

真正的爸爸的生活是什么样的?《男士健康(爸爸版)》的总编马尔科与摄影师兼媒体人弗洛里安将为您娓娓道来。在每期节目中,他们都会邀请不同的嘉宾前来做客,有助产士,也有来自重组家庭的爸爸。值得一听!

—— 附　录

链接：echtepapas.podigee.io

名语录："如果有人刚开始当爸爸时就做对了几件事，他之后也不会错太多。"

困境中的爸爸（Daddies in Distress）

美妙绝伦？令人害怕？还是两者都有？这里是两位父亲坦诚相见的交流。尤斯图斯和斯特凡在讲述各自的日常生活的同时，也毫不避讳那些紧张而令人精疲力竭的时刻。

链接：www.did-podcast.de

相关推荐：马克斯与雅各布也在"父亲们最快乐的事"（Beste Vaterfreuden）中分享了他们对当爸爸这件事的爱与恨。

链接：www.aufdieohren.de/podcasts/beste-vaterfreuden

三个爸爸，一个播客（Drei Väter – ein Podcast）

在《明镜在线》（Spiegel Online）的播客中，三位父亲——约纳斯·莱平、阿克塞尔·拉姆洛和马库斯·迪希曼——在九期节目中交换了一番意见：如果你不想成为父亲，那该怎么办？如果你是个好父亲，却是个糟糕的男朋友，这该怎么办？之后的人生要怎么继续下去？

链接：www.spiegel.de/thema/podcast_drei_vaeter

职场爸爸（Working Dad）

"职场爸爸"又是一个三人组合：本尼·阿亨巴赫、马里乌斯·库尔萨维和罗曼·盖达正在寻找平衡工作与家庭的方法，并提出问题：为什么人人都在谈论"职场爸爸"，但就是没人知道他究竟是什么？

链接：workingdad.podigee.io

名语录："白天很长，夜晚很短，经营二人世界都几乎找不到时间，更别说留时间给自己了。"

处子父亲（Jungfräuliche Väter）

尽管当了父亲，心里还觉得自己是个孩子——这说的就是柏林

FM98.8"亲亲调频"广播电台（Kiss FM）的早间节目主持人大莫（Big Moe）和他的好兄弟蒂尔。这个在酒馆里诞生的播客现在已经录制了66期节目。最重要的一课：别太把自己当回事！

链接：www.kissfm.de/connect/podcasts/jungfraeuliche-vaeter

我是你爸爸（Ich bin dein Vater）

"曾几何时，我们是酷哥；现如今，我们是你爹。"这句话耳熟吗？但也许你可以两者兼得，因为这就是博客"我是你爸爸"的配套播客关注的重点。流行文化与家庭治疗二合一。

链接：www.ichbindeinvater.de/category/papa-podcast

这样做爸爸（So geht Papa）

谁最了解做爸爸的意义？也许是那些取得非凡成就的人？比尔克·格吕林试图从电视主持人安德烈·加茨克和效力于斯图加特TVB俱乐部及德国国家队的手球守门员约翰内斯·"约吉"·比特等著名父亲身上寻找答案。

链接：www.podcast.de/podcast/2247538/so-geht-papa

博客与网红父亲们

"爸爸社群"（Papammunity）

经验报告与建议文章主要是从父亲的视角撰写的，但故事是写给男女双方看的。除了胡戈的父亲里夏德之外，他的母亲玛伦也是博客的撰稿人。

链接：papammunity.de/magazin

www.music.football.fatherhood.com

"现代父亲是一个全新的品种。"这意味着今天的父亲要比过去的父亲更积极地参与家庭生活，也更有存在感。与此同时，他们依然对足球、

―― 附录

音乐以及生活中所有重要的事情非常感兴趣。一个继承了尼克·宏比传统风味的英国博客。

名语录:"我们在工作场所、家中和足球场上都倡导性别平等!"

"全职父亲"(Vollzeitvater)

如博客名所示,自2011年起,吉多就是一位全职父亲了。他当年的老板对他休一年育儿假的计划不甚满意,于是他选择成为一名家庭主夫。如今,他已经成了一名持证上岗的日间男保姆。通过博客,他与感兴趣的人分享他的生活。

链接:www.vollzeitvater.de

相关链接:尽管马克其实是一名兼职网页设计师,但他同样自称是一名全职父亲(网址:promovierterpapa.de/blog)。

"真实的哈特曼"(Echt Hartmann)

哈特曼一家(#familyhartmann)的自我定位是"杂货店":家庭、美食、旅行、他们什么话题都写。演员扬·哈特曼由于工作原因经常出差,也很喜欢用自己的个人号"janhartmann_official"在照片墙上发帖,而尤利娅·哈特曼则主要负责美食板块。

链接:www.echthartmann.com

"爸爸频道"(Daddychannel)

穿着蓝色裤袜的照片墙达人——保罗是这样在博客上自我介绍的。作为两个儿子的父亲,他经常展示自己的美好生活、和粉丝们分享"家庭马戏团四处巡游"的经历。但这些幽默的帖子中也会涉及一些严肃的主题——关键词:"看儿科医生"。

链接:daddychannel.de

名语录:"我们大多数人坐着工作时间太久了,甚至连下雨天也能出门这件事都忘了。总之,一天结束时,内心里的那头小懒猪经常大获全胜。"

"新来的小子与博客"（New kid and the blog）

"达斯维达当年也有菜鸡的时候。"这话究竟能不能鼓励到别人，我们姑且存疑。《父亲们也能做到》一书中的说法似乎听起来更有希望。无论如何，来自柏林克罗伊茨贝格的音乐编辑法比安·瑟特霍夫在这本书中分享了自己作为博客作者和照片墙达人的体验。

链接：www.newkidandtheblog.de

说到书："Papa la papi"博客（papalapapi.de）里有一些书籍推荐和书评。

说到柏林：法尔克记录了自己带着小孩在德国首都生活工作的经历——"这不是一部指南，更像是一份经历记录，不保证完全不跑题。"

链接：www.papamachtsachen.blog

更多可供您开拓思路的精彩有趣照片墙账号

一位患有抑郁症的父亲对禁忌话题的看法：www.instagram.com/papa_mit_depression/?hl=de

毫无计划的父亲兼教育家：www.instagram.com/papa_ohne_plan/?hl=de

充满爱心、幽默与智慧的弗朗茨爸爸一家：www.instagram.com/pappa_franz/?hl=de

是教育家，也是自豪的父亲：ww.instagram.com/jonaskozi/reels/?hl=de

注　释

1. © 卡特娅·贝尔林（Katja Berlin），该图表初次发布于《时代周报》（*Die Zeit*）2021年第38期。
2. Gerl, Maximilian et al., »»Was mache ich mit der Langsamkeit, der Leere?««, Süddeutsche Zeitung, 14.03.2020. 链接：www.sueddeutsche.de/bayern/coronavirus-bayern-schulschliessungen-mebis-1.4843495
3. Moorstedt, Tobias, »Seltsam finde ich …«, Twitter, 18.03.2020. 链接：www. twitter.com/tobiasmoorstedt
4. Syme, Rachel, »›This Is What Happens to Couples Under Stress‹: An Interview with Esther Perel«, The New Yorker, 05.05.2020. 链接：www.newyorker. com/culture/the-new-yorker-interview/this-is-what-happens-tocouples-under-stress-an-interview-with-esther-perel
5. Rapp, Tobias, »»Es passiert gerade etwas, von dem wir immer gesagt haben: Das geht nicht««, Der Spiegel, 01.04.2020. 链接：www.spiegel.de/kultur/soziologe-ueber-corona-ich-freue-mich-wenn-die-normalen-krisen-wieder-da-sind-a-72abdc71-b2a3-4bdf-9964-c34ff33e24b8
6. Bundesministerium für Familie, Senioren, Frauen und Jugend, »Väterreport «, 2018, S. 6. 链接：www.bmfsfj.de/blob/127268/2098ed43 43ad-836b2f0534146ce59028/vaeterreport-2018-data.pdf
7. 同上。
8. Lewis, Helen, »The Coronavirus Is a Disaster for Feminism«, The Atlantic, 19.03.2020. 链 接：www.theatlantic.com/international/archive/2020/03/feminism-womens-rights-coronavirus-covid19/608302
9. Jin, Jian-Min et al., »Gender Differences in Patients With COVID-19: Focus on Severity and Mortality«, Frontiers in Public Health, 29.04.2020. 链接：www.frontiersin.org/articles/10.3389/fpubh.2020.00152/full

10 Statistisches Bundesamt, »Eltern, die in Teilzeit arbeiten«, o. J.. 链接：www. destatis. de/DE/Themen/Arbeit/Arbeitsmarkt/Qualitaet-Arbeit/Dimension-3/eltern-teilzeitarbeit. html#:~:text=Im%20Jahr%202019%20waren%20 63,%2C9%20%25%20einer%20 Teilzeitt%C3%A4tgkeit%20nachgingen

11 Bünning, Mareike et al., »Erwerbsarbeit in Zeiten von Corona. WZB Ergebnisbericht «, 15.04.2020, S. 4. 链接：www.econstor.eu/bitstream/10419/216101/1/Full-text-report-Buenning-et-al-Erwerbsarbeit-in-Zeiten-von-Corona-v1-20200415.pdf

12 转引自：Ehgoetz, Sabine, »Corona Krise – Karrieresturz für Frauen oder Chance zur Gleichstellung?«, Learnlight, 11.09.2020。链接：https://www. learnlight.com/de/artikel/corona-krise-karrieresturz-fuer-frauen-oderchance-zur-gleichstellung/

13 Coltrane, Scott, »Fatherhood, Gender and Work-Family Policies«, in: »Gender Equality. Transforming Family Divisions of Labor«, Verso, 2009, S. 401.

14 Vorsamer, Barbara, »Hättest du halt was gesagt!«, Süddeutsche Zeitung, 08.02.2019. 链接：www.sueddeutsche.de/leben/arbeitsteilung-in-familie-und-partnerschaft-haettest-du-halt-was-gesagt-1.4320956?reduced= true

15 O. A., »Elternzeit-Väter machen auch später mehr im Haushalt«, Frankfurter Allgemeine Zeitung, 18.10.2018. 链接：www.faz.net/aktuell/gesellschaft/studie-elternzeit-vaeter-machen-spaeter-auch-mehr-im-haushalt-158439 82.html

16 为撰写本书进行的"家务劳动"YouGov问卷调查，样本数423，调查时间：2021年10月29日—11月5日。

17 Statistisches Bundesamt, »Eheschließungen, Ehescheidungen und Lebenspartnerschaften «, 11.08.2021. 链接：www.destatis.de/DE/Themen/Gesellschaft-Umwelt/Bevoelkerung/Eheschliessungen-Ehescheidungen-Lebenspartnerschaften/_inhalt.html

18 Füßler, Claudia, »Wenn aus Paaren Eltern werden«, Spektrum Kompakt, 18.06.2021. 链接：www.spektrum.de/news/was-passiert-wenn-aus-einempaar-eltern-werden/1854499

19 Dittmann, Anne, »Modernes Familienleben: Warum viele junge Eltern in alte Muster zurückrutschen«, Brigitte Mom, 28.01.2020. 链接：www.brigitte.de/familie/mitfuehlen/modernes-familienleben--praesente-papas-undalte-muster-11709438.html

20 下文中所有未标明出处的信息均来源于为撰写本书而进行的采访。

21 Bundesministerium für Familie, Senioren, Frauen und Jugend, »Väterreport. Update 2021«, 2021, S. 4. 链接：www.bmfsfj.de/resource/blob/186176/5ce7892cc4d0ea90332 1b7ee32e46a52/vaeterreport-update-2021-data.pdf

注 释

22 O. A., »Väter kümmern sich immer mehr um ihre Kinder«, ZDF, 28.05. 2019. 链接：www.zdf.de/nachrichten/heute/nach-berechnung-von-forschernvater-zeit-mit-kindern-gestiegen-100.html

23 O. A., »Houses divided«, The Economist, 05.10.2017. 链接：www.economist.com/international/2017/10/05/houses-divided

24 O. A., »250 years needed to bridge the pay gap«, United Nations, 17.09.2020. 链接：https://unric.org/en/250-years-needed-to-bridge-thepay-gap/

25 转引自：o. A., »Who is Quoted?«, Oxford University Press, 2021. 链接：www.oxfordreference.com/page/who-is-quoted

26 Allmendinger, Jutta, »Es geht nur gemeinsam! Wie wir endlich Geschlechtergerechtigkeit erreichen«, Ullstein, Berlin 2021, S. 80.

27 Samtleben, Claire, »Auch an erwerbsfreien Tagen erledigen Frauen einen Großteil der Hausarbeit und Kinderbetreuung«, DIW Berlin, 2019. 链接：www.diw.de/de/diw_01.c.616037.de/publikationen/wochenberichte/2019_10_3/auch_an_erwerbsfreien_tagen_erledigen_frauen_einen_grossteil_der_hausarbeit_und_kinderbetreuung.html

28 Suhr, Frauke, »Beim Job stecken nach wie vor die Mütter zurück«, Statista, 26.02.2020. 链接：de.statista.com/infografik/20957/anteil-der-in-teilzeitarbeitenden-muetter-und-vaeter-in-deutschland

29 Samtleben, Claire, »Auch an erwerbsfreien Tagen erledigen Frauen einen Großteil der Hausarbeit und Kinderbetreuung«, DIW Berlin, 2019. 链接：www.diw.de/de/diw_01.c.616037.de/publikationen/wochenberichte/2019_10_3/auch_an_erwerbsfreien_tagen_erledigen_frauen_einen_grossteil_der_hausarbeit_und_kinderbetreuung.html

30 O. A., »Väter haben pro Tag zwei Stunden für die Kinder«, Eltern, o. J.. 链接：www.eltern.de/familie-und-urlaub/familienleben/vater-zeit.html

31 Beck, Ulrich, »Risikogesellschaft. Auf dem Weg in eine andere Moderne«, Suhrkamp, Frankfurt am Main 1986, S. 169.

32 Hipp, Lena, »Parenthood as a Driver of Gendered Labor Market Inequalities«, HU Berlin u. a., 04.05.2021. 链接：www.rewi.hu-berlin.de/de/lf/oe/lsi/veranstaltungen/ringvorlesung/landscapes-of-equality-vortragsmitschnitte

33 Bundesministerium für Familie, Senioren, Frauen und Jugend, »Gender Care Gap – ein Indikator für die Gleichstellung«, 27.08.2019. 链接：www.bmfsfj.de/bmfsfj/themen/gleichstellung/gender-care-gap/indikator-fuer-die-gleichstellung/gender-care-gap-ein-

indikator-fuer-die-gleichstellung-137294

34 Brigitte, »Die große BRIGITTE-Studie ›Mein Leben, mein Job und ich‹: So geht's uns wirklich«, Presseportal, 03.03.2021. 链接：www.presseportal. de/pm/6788/4853627208

35 Procter & Gamble, »Working Mom Studie 2017: Jede dritte Mutter fühlt sich alleinerziehend trotz Partner«, Presseportal, 27.04.2017. 链接：www.presseportal.de/pm/13483/3622154

36 Havel, Václav, »Postrevolutionäre Ernüchterung«, Die Welt, 25.03.2006. 链接：www.welt.de/print-welt/article206417/Postrevolutionaere-Ernuechterung. html

37 转引自：Thomä, Dieter, »Väter. Eine moderne Heldengeschichte«, Hanser, München 2008, S. 27。

38 Stoverock, Meike, »Female Choice. Vom Anfang und Ende der männlichen Zivilisation«, Klett-Cotta, Stuttgart 2021.

39 Zessnik, Sophia, »›Zivilisation ist androzentrisch‹«, die tageszeitung, 14.03.2021. 链接：www.taz.de/Biologin-ueber-Gendertheorie/!5755490

40 Vorsamer, Barbara, »›Wie viel Sex stattfindet, bestimmt meistens die Frau‹«, Süddeutsche Zeitung Magazin, 03.09.2021. 链接：sz-magazin. sueddeutsche.de/liebe-und-partnerschaft/meike-stoverock-interview-90556

41 Thomä, Dieter, »Väter. Eine moderne Heldengeschichte«, Hanser, München 2008, S. 28.

42 转引自：同上，第31页。

43 同上，第33页。

44 转引自：同上，第104页及以下诸页。

45 转引自：同上，第43页。

46 Samtleben, Claire et al., »Elterngeld und Elterngeld Plus: Nutzung durch Väter gestiegen, Aufteilung zwischen Müttern und Vätern aber noch sehr ungleich«, DIW Wochenbericht, 2019, S. 609. 链接：www.diw.de/documents/publikationen/73/diw_01.c.673396.de/19-35-1.pdf

47 转引自：Schneider, Jens, »Gegen das ›Wickelvolontariat‹«, Süddeutsche Zeitung, 19.05.2010. 链接：www.sueddeutsche.de/politik/streitpunkt-elterngeld-gegen-das-wickelvolontariat-1.884278

48 Bundesministerium für Familie, Senioren, Frauen und Jugend, »Elterngeld«, 28.12.2021. 链接：www.bmfsfj.de/bmfsfj/themen/familie/familienleistungen/elterngeld/elterngeld-73752?view=

49 Statistisches Bundesamt, »Elterngeld 2020: Väteranteil steigt auf knapp 25 %«, 25.03.2021. 链接：www.destatis.de/DE/Presse/Pressemitteilungen/2021/03/PD21_146_22922.html

50 Hobler, Dietmar et al., »Elterngeldbezug in Deutschland 2008–2016«, WSI, 2020. 链接：www.wsi.de/data/wsi_gdp_SO-Elterngeld-01.pdf

51 Haase, Ivy, »Das können wir in Sachen Gleichberechtigung von Island lernen«, Stern, 16.01.2019. 链接：www.stern.de/neon/wilde-welt/gesellschaft/damenwahl/island--das-koennen-wir-in-sachen-gleichberechtigung-lernen-8532184.html

52 Allmendinger, Jutta, »Es geht nur gemeinsam! Wie wir endlich Geschlechtergerechtigkeit erreichen«, Ullstein, Berlin 2021, S. 27, 32.

53 Cammarata, Patricia, »Was ist Mental Load?«, Equal Care Day, o. J.. 链接：www.equalcareday.de/was-ist-mental-load

54 Daminger, Allison, »The Cognitive Dimension of Household Labor«, American Sociological Review, 09.07.2019. 链接：journals.sagepub.com/doi/abs/10.1177/0003122419859007?journalCode=asra

55 Daminger, Allison, »De-gendered Processes, Gendered Outcomes«, American Sociological Review, 22.09.2020. 链接：journals.sagepub.com/doi/abs/10.1177/0003122420950208

56 Vorsamer, Barbara, »Hättest du halt was gesagt!«, Süddeutsche Zeitung, 08.02.2019. 链接：www.sueddeutsche.de/leben/arbeitsteilung-in-familie-und-partnerschaft-haettest-du-halt-was-gesagt-1.4320956?reduced=true

57 Dittmann, Anne, »Modernes Familienleben: Warum viele junge Eltern in alte Muster zurückrutschen«, Brigitte Mom, 28.01.2020. 链接：www.brigitte.de/familie/mitfuehlen/modernes-familienleben--praesente-papasund-alte-muster-11709438.html

58 Lockman, Darcy, »All the Rage. Mothers, Fathers, and the Myth of Equal Partnership«, HarperCollins, New York 2019, S. 54.

59 Thébaud, Sarah et al., »Good Housekeeping, Great Expectations: Gender and Housework Norms«, Sociological Methods & Research, 30.05.2019. 链接：journals.sagepub.com/doi/full/10.1177/0049124119852395

60 Hogenboom, Melissa, »The hidden load: How ›thinking of everything‹ holds mums back«, BBC, 18.05.2021. 链接：www.bbc.com/worklife/article/20210518-the-hidden-load-how-thinking-of-everything-holds-mums-back

61 Lockman, Darcy, »All the Rage. Mothers, Fathers, and the Myth of Equal Partnership«, HarperCollins, New York 2019, S. 206

62 Kaufmann, Jean-Claude, »Schmutzige Wäsche. Ein ungewöhnlicher Blick auf gewöhnliche Paarbeziehungen«, UVK Verlag, Tübingen 2005, S. 280, 284

63 Lücke, Johanna, »Do You Equal Care @Home?! Der Mental Load-Selbsttest für Haus-und Familienarbeit«, Equal Care Day et al., o. J.. 链接：www. equalcareday.de/mentalload-test.pdf

64 Procter & Gamble, »Mehr Verantwortung für die neue Generation Väter!«, Presseportal, 19.05.2017. 链接：www.presseportal.de/pm/13483/3639955

65 Kaufmann, Jean-Claude, »Schmutzige Wäsche. Ein ungewöhnlicher Blick auf gewöhnliche Paarbeziehungen«, UVK Verlag, Tübingen 2005, S. 279 ff.

66 Adrian, Dorothee, »Mutter und Feministin – Franziska Schutzbach über die Zerreissprobe vieler Frauen«, TagesWoche, 22.10.2018. 链接：tageswoche. ch/form/interview/mutter-und-feministin-franziska-schutzbach-ueberdie-zerreissprobe-vieler-frauen/

67 Kunst, Alexander, »Umfrage zur Rollenverteilung bei der Kinderbetreuung/-erziehung in Deutschland 2017«, Statista, 23.07.2019. 链接：de.statista. com/statistik/daten/studie/728013/umfrage/rollenverteilung-bei-derkinderbetreuung-erziehung-nach-altersgruppen/#professional

68 Hoekzema, Elseline, »Pregnancy leads to long-lasting changes in human brain structure«, Nature Neuroscience, 19.12.2016, 链接：www.nature.com/articles/nn.4458

69 Universiteit Leiden, »Pregnancy changes brain structure«, 19.12.2016. 链接：www. universiteitleiden.nl/en/news/2016/12/pregnancy-changes-brainstructure

70 Belluck, Pam, »Pregnancy Changes the Brain in Ways That May Help Mothering «, The New York Times, 19.12.2016. 链接：www.nytimes. com/2016/12/19/health/pregnancy-brain-change.html

71 Hawkins-Gaar, Katie, »›Mommy Brain‹ Is Real«, The New York Times, 14.07.2021. 链接：www.nytimes.com/2021/07/14/parenting/mom-brainforgetfulness-science.html

72 Machin, Anna, »Papa werden. Die Entstehung des modernen Vaters«, Kunstmann, München 2020, S. 19 f.

73 "霍赫勒菲尔斯的维纳斯"雕像由猛犸牙制成，约有3—4万年的历史，2008年出土于山地-多瑙县的霍赫勒菲尔斯洞穴。

74 Machin, Anna, »Papa werden. Die Entstehung des modernen Vaters«, Kunstmann,

―― 注　释

München 2020, S. 29

75 在科学计算中，爱或者父母亲情等概念几乎起不到任何作用。正如理查德·道金斯（Richard Dawkins）在他于20世纪70年代出版的《自私的基因》（*Das egoistische Gen*）一书中所解释的那样，一个人之所以帮助亲属养育后代，是为了提高自己基因版本的生存概率："在遗传学的意义上，个体和群体就像天空中的云彩或沙漠中的尘暴，它们是些临时的聚合体或联合体，并不能像进化所要求的那样，在一段时间内保持稳定。"（同上，Springer Spektrum，Heidelberg，2007年，第84页）

76 Machin, Anna, »Papa werden. Die Entstehung des modernen Vaters«, Kunstmann, München 2020, S. 19

77 同上，第30及下页。

78 汉堡阿玛莉·西夫金医院家长中心报名链接：www.albertinen.de/gesundheit-medizin/evangelischesamalie-sieveking-krankenhaus/kliniken-zentren-institute/geburtshilfe/unser-angebot/elternzentrum/。

79 Siemens-Betriebskrankenkasse, »Wie ›Mann‹ sich auf die Geburt vorbereitet «, 14.03.2018, S. 1. 链接：www.sbk.org/uploads/media/pm-sbk-geburtsvorbereitungskurs-maenner-14032018.pdf

80 Steen, Mary et al., »Not-patient and not-visitor: a metasynthesis fathers' encounters with pregnancy, birth and maternity care«, Midwifery, 06.08.2011, 链接：www.pubmed.ncbi.nlm.nih.gov/21820778

81 Müller, Marion und Nicole Zillien, »Das Rätsel der Retraditionalisierung – Zur Verweiblichung von Elternschaft in Geburtsvorbereitungskursen«, Kölner Zeitschrift für Soziologie und Sozialpsychologie, 26.07.2016, S. 409, 419 ff.. 链接：www.akf-bonn.de/files/mueller__marion___zilien__nicole_ das_raetsel_der_retraditionalisierung_____zur_verweblichung_von_elternschaft_ in_geburtsvorbereitungskursen._in_kzfss__jahrgang_68__heft_3_2016___s._409-433.pdf

82 同上，第412、419、423、427及以下页、第430页。

83 Machin, Anna, »Papa werden. Die Entstehung des modernen Vaters«, Kunstmann, München 2020, S. 51

84 Norton, Elizabeth, »Parenting Rewires the Male Brain«, Science, 27.05.2014. 链接：www.sciencemag.org/news/2014/05/parenting-rewires-male-brain

85 Hrdy, Sarah Blaffer, »Mothers and Others. The Evolutionary Origins of Mutual

Understanding«, Harvard University Press, Cambridge, Massachusetts 2009, S. 161

86　Norton, Elizabeth, »Parenting Rewires the Male Brain«, Science, 27.05.2014. 链接：www.sciencemag.org/news/2014/05/parenting-rewires-male-brain

87　Campanella, Marco: »Leo Lausemaus. Mama geht zur Arbeit« (Hörbuch), Kiddinx, 2006. 链接：www.youtube.com/watch?v=Bsu4p2-fpQo

88　Lejeck, »Leo Lausemaus hat einen Idiot Dad«, Ich bin dein Vater, o. J.. 链接：ichbindeinvater.de/leo-lausemaus-gender

89　转引自：Brunner, Katharina et al., »Blaue Bücher, rosa Bücher«, Süddeutsche Zeitung, 11.01.2019. 链接：www.sueddeutsche.de/projekte/artikel/kultur/gender-wie-gleichberechtigt-sind-kinderbuecher-e970817/

90　同上。

91　Burghardt, Lars und Florian Christóbal Klenk, »Geschlechterdarstellung in Bilderbüchern – eine empirische Analyse«, Gender, 2016, S. 61, 77. 链接：www.researchgate.net/publication/308986090_Geschlechterdarstellung_in_ Bilderbuchern_-_eine_empirische_Analyse

92　Davis, Jac T. M. und Melissa Hines, »How Large Are Gender Differences in Toy Preferences? A Systematic Review and Meta-Analysis of Toy Preference Research«, Archives of Sexual Behavior, 2020. 链接：link.springer.com/article/10.1007/s10508-019-01624-7

93　Seavey, Carol A. et al., »Baby X. The effect of gender labels on adult responses to infants«, Sex Roles, 1975. 链接：link.springer.com/article/10.1007%2FBF00288004?LI=true

94　BBC Stories, »Girl toys vs. boy toys: The experiment«, YouTube, 16.08.2017. 链接：www.youtube.com/watch?v=nWu44AqF0iI

95　Mascaro, Jennifer S. et al., »Child gender influences paternal behavior, language, and brain function«, Behavioral Neuroscience, 2017. 链接：psycnet. apa.org/doiLanding?doi=10.1037%2Fbne0000199

96　Eliot, Lise, »Pink Brain, Blue Brain. How Small Differences Grow Into Troublesome Gaps – and What We Can Do About It«, Houghton Mifflin Harcourt, New York 2010, S. 121

97　Owen Blakemore, Judith E., »The Inf luence of gender and parental attitudes on preschool children's interest in babies: Observations in natural settings«, Sex Roles,

注 释

1998, S. 73–94. 链接：psycnet.apa.org/record/1998-01194-004

98　O. A., »Erwerbstätige Frauen in Westdeutschland 1960–2018«, Statista, 21.01.2022. 链接：de.statista.com/statistik/daten/studie/1166560/umfrage/erwerbstaetige-frauen-in-westdeutschland

99　Liere, Judith, »Thema: ›Neue Väter‹«, Twitter, 01.09.2021, 链接：twitter.com/judithliere/status/1432963029986123777?s=21

100　Gürtler, Lena und Alexandra Ringling, »Geschlechterrollen bei Kinderspielzeug«, NDR, 19.05.2015. 链接：www.ndr.de/fernsehen/sendungen/panorama3/Geschlechterrollen-bei-Kinderspielzeug,geschlechterrollen100.html

101　Speck, Sarah, »Die Rückkehr der Prinzen und Prinzessinnen«, Frankfurter Allgemeine Zeitung, 18.10.2018. 链接：www.faz.net/aktuell/gesellschaft/menschen/die-rueckkehr-der-prinzen-und-prinzessinnen-15843012.html

102　同上。

103　Schlieben, Michael, »Ein Oppositionschef macht mal Baby-Pause«, Die Zeit, 05.07.2012. 链接：www.zeit.de/politik/deutschland/2012-07/gabriel-spdelternzeit

104　Pampers, »Pampers and John Legend Celebrate Dads This Father's Day with a Tribute to Everyday Moments«, YouTube, 14.06.2018. 链接：www.youtube.com/watch?v=-aCcnkWV6yo

105　Bävman, Johan, »Swedish Dads«, 2022, 链接：www.johanbavman.se/swedish-dads/

106　Will, Jesse, »The Rise and Rise of the Sexy Swedish Super Dad«, Fatherly, 23.06.2017. 链接：www.fatherly.com/love-money/sweden-latte-papas-paternity-leave

107　Millan, Haley, »These Pictures of Swedish Dads on Paternity Leave Are ›Practically Porn for Working Mothers‹«, Working Mother, 06.09.2017. 链接：www.workingmother.com/these-pictures-swedish-dads-on-paternity-leave-are-practically-porn-for-working-mothers

108　Park, Bernadette und Sarah Banchefsky, »Leveraging the Social Role of Dad to Change Gender Stereotypes of Men«, Personality and Social Psychology Bulletin, 2018, S. 1380–1394. 链接：journals.sagepub.com/doi/pdf/10.1177/0146167218768794

109　转引自：Lockman, Darcy, »All the Rage. Mothers, Fathers, and the Myth of Equal Partnership«, HarperCollins, New York 2019, S. 232

110　Gordon, Thomas, »Familienkonferenz. Die Lösung von Konflikten zwischen Eltern und Kind«, Hoffmann und Campe, Hamburg 1972

111 Deggerich, Markus et al., »Worunter moderne Väter leiden«, Der Spiegel, 13.08.2021. 链接：www.spiegel.de/familie/familie-heute-worunter-moderne-vaeter-leiden-a-e9875cbb-4c83-4ae1-9003-a6445ad70835

112 Dittmann, Anne, »Reißt Euch zusammen, Daddys!«, Welt, 15.08.2021. 链接：www.welt.de/icon/partnerschaft/article233149667/Spiegel-Cover-ueberdominante-Muetter-Reisst-Euch-mal-zusammen-Vaeter.html

113 转引自：Schroeder, Vera, »»Maternal-Gatekeeping …‹«, Twitter, 13.08. 2021, 链接：twitter.com/VeraSchroeder/status/1426295205402185736

114 Heilmann, Julia und Thomas Lindemann, »Die Kinder-Lüge vom Prenzlauer Berg«, Der Spiegel, 28.10.2011. 链接：www.spiegel.de/panorama/gesellschaft/angeblicher-babyboom-die-kinder-luege-vom-prenzlauer-berg-a-793619-amp.html

115 O. A., »Höchste Geburtenrate im Landkreis Cloppenburg«, Verbund Oldenburger Münsterland e. V., 26.09.2017. 链接：www.oldenburger-muensterland. de/das-om/ueber-uns/aktuelles/hoechste-geburtenrate-im-landkreis-cloppenburg/7320

116 Procter & Gamble, »Mehr Verantwortung für die neue Generation Väter!«, Presseportal, 19.05.2017. 链接：www.presseportal.de/pm/13483/3639955

117 Hoch, Jenny, »Wenn 150-Prozent-Mamis die Väter verdrängen«, Süddeutsche Zeitung, 14.10.2016. 链接：www.sueddeutsche.de/leben/familie-undpartnerschaft-maternal-gatekeeping-ich-mach-das-schon-1.3202540

118 Olsavsky, Anna L. et al., »New Fathers' Perceptions of Dyadic Adjustment: The Roles of Maternal Gatekeeping and Coparenting Closeness«, Family Process, 19.04.2019. 链接：pubmed.ncbi.nlm.nih.gov/30968407

119 Carey, Benedict, »Families' Every Fuss, Archived and Analyzed«, The New York Times, 22.05.2010. 链接：www.nytimes.com/2010/05/23/science/23family.html

120 Klein, Wendy et al., »Housework«, in: Ochs, Elinor und Tamar Kremer-Sadlik, »Fast-Forward Family. Home, Work, and Relationships in Middle-Class America«, University of California Press, Berkeley und Los Angeles 2013, S. 94–110, hier S. 96

121 Arnold, Jeanne E., »Mountains of Things«, in: Ochs, Elinor und Tamar Kremer-Sadlik, »Fast-Forward Family. Home, Work, and Relationships in Middle-Class America«, University of California Press, Berkeley und Los Angeles 2013, S. 67–93, hier S. 90

122 Denk, Silke und Felix Denk, »Wer zuerst die Windel riecht«, Der Tagesspiegel, 23.02.2016. 链接：www.tagesspiegel.de/gesellschaft/was-ist-dran-am-phaenomen-

注 释

maternal-gatekeeping-wer-zuerst-die-windel-riecht/12989458.html

123 同上。

124 Richards, Amy, »Opting In. Having a Child Without Losing Yourself«, Farrar, Straus and Giroux, New York 2008, S. 173

125 Stamm, Margrit, »›Der Hype um neue Väter trifft das wirkliche Problem nicht‹«, Der Spiegel, 17.08.2021. 链接：www.spiegel.de/familie/erziehungswissenschaftlerin-margrit-stamm-ueber-neue-vaeter-und-die-veraenderte-rolle-von-muettern-a-15754dd3-30cb-4d54-a843-179ef8d9d154

126 Ellison, Katherine, »Being Honest About the Pygmalion Effect«, Discover Magazine, 29.10.2015. 链接：www.discovermagazine.com/mind/beinghonest-about-the-pygmalion-effect

127 Lockman, Darcy, »All the Rage. Mothers, Fathers, and the Myth of Equal Partnership«, HarperCollins, New York 2019, S. 223

128 Stamm, Margrit, »›Der Hype um neue Väter trifft das wirkliche Problem nicht‹«, Der Spiegel, 17.08.2021. 链接：www.spiegel.de/familie/erziehungswissenschaftlerin-margrit-stamm-ueber-neue-vaeter-und-die-veraenderte-rolle-von-muettern-a-15754dd3-30cb-4d54-a843-179ef8d9d154

129 Yong, Ed, »Impfung gegen Vorurteile«, Gehirn & Geist, 11.09.2014. 链接：www.spektrum.de/magazin/stereotype-threat-wie-laesst-sich-der-bedrohung-durch-vorurteile-begegnen/1307959

130 同上。

131 Olsavsky, Anna L. et al., »New Fathers' Perceptions of Dyadic Adjustment: The Roles of Maternal Gatekeeping and Coparenting Closeness«, Family Process, 09.04.2019. 链接：pubmed.ncbi.nlm.nih.gov/30968407

132 转引自：Vorsamer, Barbara, »Hättest du halt was gesagt!«, Süddeutsche Zeitung, 08.02.2019。链接：www.sueddeutsche.de/leben/arbeitsteilungin-familie-und-partnerschaft-haettest-du-halt-was-gesagt-1.4320956?reduced=true

133 Wagner, Lorenz, »›Wie Frauen verändern sich auch Männer durch die Geburt biologisch‹«, Süddeutsche Zeitung Magazin, 14.03.2019. 链接：sz-magazin.sueddeutsche.de/familie/anna-machin-vaeter-erziehung-86978?utm_content=vaeter_86978&utm_medium=organic_content&utm_source=twitter&utm_campaign=op_social

134 Machin, Anna, »Papa werden. Die Entstehung des modernen Vaters«, Kunstmann,

München 2020, S. 219

135 Frisch, Max, »Der Mensch erscheint im Holozän«, Suhrkamp, Frankfurt am Main 1981, S. 80

136 Nolan, Virginia, »»Früher waren Väter das Tor zur Außenwelt««, Fritz Fränzi, 01.02.2021. 链接：www.fritzundfraenzi.ch/gesellschaft/wassilios-fthenakis-fruher-waren-vater-das-tor-zur-aussenwelt

137 Teufl, Lukas et al.; »How fathers' attachment security and education contribute to early child language skills above and beyond mothers: parent-child conversation under scrutiny«, Attachment & Human Development, 21.03. 2019. 链接：www.tandfonline.com/doi/full/10.1080/14616734.2019. 1589063

138 O. A., »Väterforschung: Einfluss der Väter auf Sprachentwicklung«, Papa, 08.07.2019. 链接：www.papa.de/vaeterforschung-sprachentwicklung

139 Teufl, Lukas et al., »How fathers' attachment security and education contribute to early child language skills above and beyond mothers: parent-child conversation under scrutiny«, Attachment & Human Development, 21.03. 216 2019. 链接：www.tandfonline.com/doi/full/10.1080/14616734.2019. 1589063

140 Koch, Julia, »»Mütter müssen Väter machen lassen««, Der Spiegel, 20.12.2015. 链接：www.spiegel.de/panorama/gesellschaft/psychologin-lieselotte-ahnert-muetter-muessen-vaeter-machen-lassen-a-1068797.html

141 Nolan, Virginia, »»Früher waren Väter das Tor zur Außenwelt««, Fritz Fränzi, 01.02.2021. 链接：www.fritzundfraenzi.ch/gesellschaft/wassilios-fthenakis-fruher-waren-vater-das-tor-zur-aussenwelt

142 转引自：Lockman, Darcy, »All the Rage. Mothers, Fathers, and the Myth of Equal Partnership«, HarperCollins, New York 2019, S. 192。

143 Quoidbach, Jordi et al., »The End of History Illusion«, Science, 03.01.2013, S. 96. 链接：wjh-www.harvard.edu/~dtg/Quoidbach%20et%20al%202013. pdf

144 转引自：Losse, Bert, »Der ökonomische Imperialist«, WirtschaftsWoche, 15.04.2012. 链接：www.wiwo.de/politik/konjunktur/gary-becker-deroekonomische-imperialist/6475968.html

145 同上。

146 Roßbach, Henrike, »Papa will mehr«, Süddeutsche Zeitung, 06.10.2021. 链接：www.sueddeutsche.de/politik/vaeterreport-2021-familienministerium-1.5430995

147 Stertz et al., »Gender-role attitudes and parental work decisions after childbirth: A longitudinal dyadic perspective with dual-earner couples«, Journal of Vocational Behavior, 2017, S. 104–118. 链接：psycnet.apa.org/record/2017-28613-010

148 参见 Retzbach, Joachim, »Wie die Babypause Väter prägt«, Spektrum, 11.10.2019. 链接：www.spektrum.de/news/wie-die-babypause-vaeter-praegt/1676802

149 O. A., »The Overview Effect«, NASA, 30.08.2019. 链接：www.nasa.gov/johnson/HWHAP/the-overview-effect

150 Bundesministerium für Familie, Senioren, Frauen und Jugend, »Väterreport. Update 2021«, 2021, S. 17. 链接：www.bmfsfj.de/resource/blob/186176/81ff4612aee448c7529f775e60a66023/vaeterreport-update-2021-data.pdf

151 Kramer, Karen Z. et al., »The positive spillover and crossover of paternity leave use: A dyadic longitudinal analysis«, Journal of Vocational Behavior, 2019, S. 26. 链接：www.sciencedirect.com/science/article/abs/pii/S0001879119300685?via%3Dihub

152 Tamm, Marcus, »Fathers' parental leave-taking, childcare involvement and 217 labor market participation«, Labour Economics, 2019, S. 184–197. 链接：www.sciencedirect.com/science/article/abs/pii/S0927537119300405

153 Ulrike, et al., »Elterngeld hat soziale Normen verändert«, DIW Wochenbericht, 23.08.2017, S. 664 f.. 链接：www.diw.de/documents/publikationen/73/diw_01.c.563411.de/17-34.pdf

154 Roßbach, Henrike, »Papa will mehr«, Süddeutsche Zeitung, 06.10.2021. 链接：www.sueddeutsche.de/politik/vaeterreport-2021-familienministerium-1.5430995

155 Bundesministerium für Familie, Senioren, Frauen und Jugend, »Elterngeld, ElterngeldPlus und Elternzeit. Das Bundeselterngeld-und Elternzeitgesetz«, 2020. 链接：www.bmfsfj.de/resource/blob/93614/5007d8253164d915b285066b8791af38/elterngeld-elterngeldplus-und-elternzeit-data.pdf

156 Ad Alliance, Eltern, »Eltern: Leser:innen /User:innen«, 2021, S. 2. 链接：gujims.com/uploads/assets/70fd2e7db8219258171f7fe553523160da972908/eltern-leser-user.pdf

157 Bundesministerium für Familie, Senioren, Frauen und Jugend, »Väterreport. Update 2021«, 2021, S. 21. 链接：www.bmfsfj.de/resource/blob/186176/81ff4612aee448c7529f775e60a66023/vaeterreport-update-2021-data.pdf

158 Fabulabs GmbH, »Studie zeigt: Elterngeld zu komplex«, Presseportal, 17.09.2019. 链接：www.presseportal.de/pm/116734/4376969

159 Schneider, Reto U., »Schubs mich!«, Neue Züricher Zeitung, 17.08.2018. 链接：www.nzz.ch/folio/schubs-mich-ld.1622937.pdf

160 同上。

161 Rosa, José Antonio, »Why those cards about reusing hotel towels are so effective «, Fast Company, 03.02.20202. 链接：www.fastcompany.com/90458523/why-those-cards-about-reusing-hotel-towels-are-so-effective

162 Gerber, Alan S. et al., »Social Pressure and Voter Turnout: Evidence from a Large-Scale Field Experiment«, American Political Science Review, 01.02.2008. 链接：www.cambridge.org/core/journals/american-politicalscience-review/article/abs/social-pressure-and-voter-turnout-evidencefrom-a-largescale-field-experiment/11E84AF4C0B7FBD1D20C855972C2C3EB; o. A. »What If Your Neighbours Knew Whether You Voted?«, The Decision Lab, o. J.。链接：thedecisionlab.com/insights/policy/neighbours-knew-whether-voted/https:/thedecisionlab.com/insights/policy/neighbours-knew-whether-voted

163 YouGov-Umfrage im Auftrag von Tobias Moorstedt, 29.10. bis 04.11.2021

164 Rollett, Brigitte und Harald Werneck, »Familienentwicklung im Lebenslauf (FIL): Familienbezogene und individuelle Entwicklungsaufgaben und ihre Bewältigung im Jugendalter«, Universität Wien, o. J.. 链接：homepage. univie.ac.at/harald.werneck/FIL/FIL-Infos_t6.htm

165 转引自：Lockman, Darcy, »All the Rage. Mothers, Fathers, and the Myth of Equal Partnership«, HarperCollins, New York 2019, S. 111

166 Vorsamer, Barbara, »Hättest du halt was gesagt!«, Süddeutsche Zeitung, 08.02.2019. 链接：www.sueddeutsche.de/leben/arbeitsteilung-in-familieund-partnerschaft-haettest-du-halt-was-gesagt-1.4320956

167 Bujard, Martin, »Wie passt das zusammen? Familienbilder junger Menschen und Parteipositionen zur Familienpolitik«, Aus Politik und Zeitgeschichte, 21.07.2017. 链接：www.bpb.de/apuz/252651/familienleitbilder-jungermenschen-und-parteipositionen-zur-familienpolitik?p=all

168 同上。

169 同上。

170 Diabaté, Sabine et al., »Familienleitbilder. Alles wie gehabt? Partnerschaft und Elternschaft in Deutschland«, Bundesinstitut für Bevölkerungsforschung, 2017, S. 26

注 释

f.. 链接：www.bib.bund.de/Publikation/2017/pdf/Familienleitbilder-Alles-wie-gehabt-Partnerschaft-und-Elternschaft-in-Deutschland.pdf?__blob=publicationFile&v=2

171 Lück, Detlev, »Vaterleitbilder: Ernährer und Erzieher?«, in: Schneider, Norbert F. et al., »Familienleitbilder in Deutschland. Kulturelle Vorstellungen zu Partnerschaft, Elternschaft und Familienleben«, Verlag Barbara Burdrich, Opladen 2018, S. 227–246, hier S. 229 f.

172 Bujard, Martin, »Wie passt das zusammen? Familienbilder junger Menschen und Parteipositionen zur Familienpolitik«, Aus Politik und Zeitgeschichte, 21.07.2017. 链接：www.bpb.de/apuz/252651/familienleitbilderjunger-menschen-und-parteipositionen-zur-familienpolitik?p=all

173 Lockman, Darcy, »All the Rage. Mothers, Fathers, and the Myth of Equal Partnership«, HarperCollins, New York 2019, S. 107

174 YouGov-Umfrage im Auftrag von Tobias Moorstedt, 29.10. bis 04.11.2021

175 Bonnici, Ryan, »Why male executives should not be praised for taking paternity leave«, London School of Economics, 25.09.2020. 链接：blogs.lse. ac.uk/businessreview/2020/09/25/why-male-executives-should-not-bepraised-for-taking-paternity-leave

176 O. A., »Elterngeld 2020: Väteranteil steigt auf knapp 25 %«, Statistisches Bundesamt, 25.03.2021. 链接：www.destatis.de/DE/Presse/Pressemitteilungen/2021/03/PD21_146_22922.html 219

177 O. A., »Nur sechs Prozent der Väter arbeiten in Teilzeit«, Die Zeit, 14.09.2018, 链接：www.zeit.de/wirtschaft/2018-09/statistisches-bundesamt-arbeitin-teilzeit-muetter-vaeter-familienform

178 Samtleben, Claire et al., »Elterngeld und ElterngeldPlus: Nutzung durch Väter gestiegen, Aufteilung zwischen Müttern und Vätern aber noch sehr ungleich «, DIW Wochenbericht, 2019. 链接：www.diw.de/de/diw_01.c.673403.de/publikationen/wochenberichte/2019_35_1/elterngeld_und_elterngeld_plus__nutzung_durch_vaeter_gestieg__eilung_zwischen_muettern_und_vaetern_aber_noch_sehr_ungleich.html

179 Kramer, Bernd, »Erst die Karriere, dann das Kind«, Süddeutsche Zeitung, 26.02.2020. 链接：www.sueddeutsche.de/karriere/elternzeit-elterngeldvaeter-1.4821772

180 Institut für Demoskopie Allensbach, »Veränderungen der gesellschaftlichen Rahmenbedingungen für die Familienpolitik«, 2019, S. 25. 链接：www.ifdallensbach.de/fileadmin/IfD/sonstige_pdfs/Rahmenbedingungen_Bericht.pdf

181 Hipp, Lena, »Rabenmütter, tolle Väter. Frauen schaden kurze und lange Elternzeiten bei ihrer Karriere – Männern nicht«, WZB Mitteilungen, 2018, S. 28 ff.. 链接：bibliothek.wzb.eu/artikel/2018/f-21481.pdf

182 Colantuoni, Francesca et al., »A fresh look at paternity leave: Why the benefits extend beyond the personal«, McKinsey & Company, 05.03.2021. 链接：www.mckinsey.com/business-functions/people-and-organizational-performance/our-insights/a-fresh-look-at-paternity-leave-why-thebenefits-extend-beyond-the-personal

183 Bundesministerium für Familie, Senioren, Frauen und Jugend, »Familien heute. Daten. Fakten. Trends. Familienreport 2020«, 2020, S. 106. 链接：www.bmfsfj.de/resource/blob/163108/ceb1abd3901f50a0dc484d899881a223/familienreport-2020-familie-heute-daten-fakten-trends-data.pdf

184 Raditsch, Lena, »Das ElternPlus-Programm – Roche fördert Chancengleichheit von Eltern«, Roche, 21.09.2021. 链接：www.roche.de/aktuelles/news/daselternplus-programm-roche-foerdert-chancengleichheit-von-eltern

185 Rößler, Melanie, »›Wir wollen die Vereinbarkeit von Karriere und Familie‹«, Haufe, 16.12.2019. 链接：www.haufe.de/personal/hr-management/bezahlter-elternurlaub-bei-hpe_80_506234.html

186 O. A., »Nestlé will Mitarbeiter mit 18 Wochen bezahlter Familienzeit locken«, Manager Magazin, 04.12.2019. 链接：www.manager-magazin.de/unternehmen/handel/nestle-gewaehrt-weltweit-18-wochen-bezahlte-familienzeit-a-1299635.html

187 Scheppe, Michael, »Warum SAP die Arbeitszeit für Väter verkürzt – und ihnen ein volles Gehalt zahlt«, Handelsblatt, 17.12.2019. 链接：www.handelsblatt.com/technik/it-internet/vereinbarkeit-von-familie-und-berufwarum-sap-die-arbeitszeit-fuer-vaeter-verkuerzt-und-ihnen-volles-gehalt-zahlt/25341682.tml?ticket=ST-3862715-wCloOIpfOzNRjODv0Rkt-

188 Grüling, Birk, »SAP-Personalchef im Interview: So gelingt Vereinbarkeit von Beruf und Familie«, Redaktionsnetzwerk Deutschland, 27.09.2020. 链接：www.rnd.de/familie/sap-personalchef-younosi-im-interview-so-gelingtvereinbarkeit-von-beruf-und-familie-PZGRPQ3TGFEFRBOQFAOM7ATY6Y.html

189 Schrenk, Jakob, »Die Kunst der Selbstausbeutung. Wie wir vor lauter Arbeit unser Leben verpassen«, DuMont, Köln 2007, S. 81 f.

190 YouGov-Umfrage im Auftrag von Tobias Moorstedt, 29.10. bis 04.11.2021

191	Colantuoni, Francesca et al., »A fresh look at paternity leave: Why the benefits extend beyond the personal«, McKinsey & Company, 05.03.2021. 链接：www.mckinsey.com/business-functions/people-and-organizational-performance/our-insights/a-fresh-look-at-paternity-leave-why-thebenefits-extend-beyond-the-personal
192	Wagner, Gerald, »Ein Hausmann ist kein Hedonist«, Frankfurter Allgemeine Sonntagszeitung, 28.10.2018, S. 61
193	Stertz et al., »What influences fathers' daily work-related worries during parental leave? A diary study«, Journal of Vocational Behavior, 2020. 链接：psycnet.apa.org/record/2020-24197-001
194	Hans-Böckler-Stiftung, »Männliche Reflexe«, Magazin Mitbestimmung, 2013. 链接：www.boeckler.de/de/magazin-mitbestimmung-2744-maennliche-reflexe-5256.htm
195	Mersch, Britta, »Elternzeit – wenn Väter nicht können oder wollen«, Der Spiegel, 25.09.2015. 链接：www.spiegel.de/karriere/elternzeit-warumvaeter-oft-nicht-koennen-oder-wollen-a-1054619.html
196	Schäuble, Wolfgang, »100 Jahre Frauenwahlrecht«, Rede im Deutschen Bundestag, 17.01.2019. 链接：www.bundestag.de/parlament/praesidium/reden/2019/002-588198
197	O. A., »Umfrage zu den wichtigsten Problemen in Deutschland«, Statista, 28.01.2022. 链接：de.statista.com/statistik/daten/studie/1062780/umfrage/umfrage-zu-den-wichtigsten-problemen-in-deutschland
198	转引自：Pro Parents, »Zielsetzung«, 2021。链接：proparentsinitiative. de/#forderungen
199	免责声明：笔者与发起人之一是朋友。
200	Online-Petition »10 Tage Vaterschaftsfreistellung zur Geburt für einen gemeinsamen Start! Jetzt!«, gestartet Juni 2021. 链接：www.openpetition.de/petition/online/10-tage-vaterschaftsfreistellung-zur-geburt-fuer-einengemeinsamen-start-jetzt-2
201	Deggerich, Markus et al., »Worunter moderne Väter leiden«, Der Spiegel, 13.08.2021. 链接：www.spiegel.de/familie/familie-heute-worunter-moderne-vaeter-leiden-a-e9875cbb-4c83-4ae1-9003-a6445ad70835
202	转引自：Marçal, Katrine, »Machonomics. Die Ökonomie und die Frauen«, C.H.Beck, München 2016, S. 20。
203	O. A., »Unbezahlte Hausarbeit, Pflege und Fürsorge«, Oxfam Deutschland, o. J.. 链接：www.oxfam.de/unsere-arbeit/themen/care-arbeit
204	Vorsamer, Barbara, »Auch Care-Arbeit ist Arbeit«, Süddeutsche Zeitung, 29.02.2020.

链接：www.sueddeutsche.de/leben/care-arbeit-bezahlung-1.4823395

205 Jurczyk, Karin, Ulrich Mückenberger, »Arbeit und Sorge vereinbaren: Ein Carezeit-Budget für atmende Lebensläufe«, Körber Impuls Demografie, Körber Stiftung, 2016, S. 1 ff.. 链接：www.koerber-stiftung.de/fileadmin/user_upload/koerber-stiftung/redaktion/demografischer-wandel/pdf/2016/Koerber_Impuls_Demografie_05_print_web.pdf

206 O. A., »Eight-hour day«, National Museum Australia, 19.01.2022, 链接：www.nma.gov.au/defining-moments/resources/eight-hour-day

207 Marx, Karl, »Instruktion für die Delegierten des Provisorischen Zentralrats zu den einzelnen Fragen«, 1866. 链接：www.mlwerke.de/me/me16/me16_190.htm

208 Bundesanstalt für Arbeitsschutz und Arbeitsmedizin, »100 Jahre Achtstundentag in Deutschland«, Bundesanstalt für Arbeitsschutz und Arbeitsmedizin, 2018. 链接：www.baua.de/DE/Angebote/Publikationen/Fakten/100-Jahre-Achtstundentag.pdf?__blob=publicationFile&v=3

209 Krook, Joshua, »Whatever happened to the 15-hour work week?«, The Conversation, 08.10.2017. 链接：theconversation.com/whatever-happened-tothe-15-hour-workweek-84781

210 O. A., »Wöchentliche Arbeitszeit«, Statistisches Bundesamt, 2019. 链接：www.destatis.de/DE/Themen/Arbeit/Arbeitsmarkt/Qualitaet-Arbeit/Dimension-3/woechentliche-arbeitszeitl.html

211 Kasten, Katja, »»40 Stunden ist immer noch die Norm, alles andere ist ein Störfall‹«, Die Zeit, 29.12.2016. 链接：www.zeit.de/karriere/beruf/2016-12/arbeitszeit-modelle-flexibilitaet-veraenderung-stundenzahl-christinaschildmann/komplettansicht

212 Marx, Karl, »Der achtzehnte Brumaire des Louis Bonaparte«, 1852. 链接：www.mlwerke.de/me/me08/me08_115.htm

213 Colantuoni, Francesca et al., »A fresh look at paternity leave: Why the benefits extend beyond the personal«, McKinsey & Company, 05.03.2021. 链接：www.mckinsey.com/business-functions/people-and-organizational-performance/our-insights/a-fresh-look-at-paternity-leave-why-thebenefits-extend-beyond-the-personal

214 Carlson, Daniel L. et al., »The Gendered Division of Housework and Couples' Sexual Relationship: A Reexamination«, Journal of Marriage and Family, 25.05.2016. 链接：onlinelibrary.wiley.com/doi/abs/10.1111/jomf.12313

215 Park, Bernadette und Sarah Banchefsky, »Leveraging the Social Role of Dad to Change

Gender Stereotypes of Men«, Personality and Social Psychology Bulletin, 2018, S. 1380–1394. 链接：journals.sagepub.com/doi/pdf/10.1177/0146167218768794

216 Biesecker, Adelheid, »›Vorsorgendes Wirtschaften‹: Zum Verhältnis von Zeitund Güterwohlstand aus der Geschlechterperspektive«, Hans-Böckler-Stiftung, 27./28.11.2014. 链接：www.boeckler.de/pdf/v_2014_11_28_biesecker.pdf

217 一条非常有趣的证据：在我就这一问题采访的专家中，80%以上都是女科学家。

218 Bundesministerium für Familie, Senioren, Frauen und Jugend, »Väterreport. Update 2021«, 2021, S. 11. 链接：www.bmfsfj.de/resource/blob/186176/81ff4612aee448c7529f775e60a66023/vaeterreport-update-2021-data.pdf

219 Bundesministerium für Familie, Senioren, Frauen und Jugend, »Gender Care Gap – ein Indikator für die Gleichstellung«, 27.08.2019. 链接：www.bmfsfj.de/bmfsfj/themen/gleichstellung/gender-care-gap/indikator-fuer-diegleichstellung/gender-care-gap-ein-indikator-fuer-die-gleichstellung-137294

220 Rauschenberger, Pia und Trang Thu Tran, »Die unangenehme Wahrheit sozialer Ungerechtigkeit«, Deutschlandfunk Kultur, 27.06.2019. 链接：www.deutschlandfunkkultur.de/psychologie-und-privilegien-die-unangenehme-wahrheit-100.html

221 Vorsamer, Barbara, »›Mental Load‹, darüber streiten Paare«, Tagesanzeiger, 21.03.2019. 链接：www.tagesanzeiger.ch/leben/gesellschaft/haettest-dudoch-was-gesagt/story/24968607

222 YouGov-Umfrage im Auftrag von Tobias Moorstedt, 29.10. bis 04.11.2021

223 Hausbichler, Beate, »Soziologin: ›Bild der fürsorglichen Frau ist profitables Konzept‹«, Der Standard, 22.11.2021. 链接：www.derstandard.de/story/20 00131162545/soziologin-bild-der-fuersorglichen-frau-ist-profitables-konzept

224 转引自：Eckardt, Ann-Katrin und Henrike Roßbach, »Das Steuerfossil«, Süddeutsche Zeitung, 12.11.2021。链接：projekte.sueddeutsche.de/artikel/politik/ehegattensplitting-das-steuerfossil-e879939

225 Wagner, Ines, »How Iceland Is Closing the Gender Wage Gap«, Harvard Business Review, 08.01.2021. 链接：hbr.org/2021/01/how-iceland-is-closingthe-gender-wage-gap

226 Michelsen, Claus, »Corona und das Home-Office: Zäsur für den Wohnungsmarkt? «, DIW Wochenbericht, 2020, S. 850. 链接：www.diw.de/documents/publikationen/73/

diw_01.c.802039.de/20-45.pdf

227 Hoffmann, Catherine, »Nett sein beim Dönermann zahlt sich aus«, Süddeutsche Zeitung, 17.08.2017. 链接：www.sueddeutsche.de/wirtschaft/studie-nett-sein-lohnt-sich-1.3629204

228 Bundeszentrale für politische Bildung, »Entwicklung der durchschnittlichen tariflichen Wochenarbeitszeit«, 2016. 链接：m.bpb.de/nachschlagen/lexika/lexikon-der-wirtschaft/21160/wochenarbeitszeit

图书在版编目（CIP）数据

我们这些糟糕的好爸爸：父亲们的育儿实践与反思 /（德）托比亚斯·莫施泰特著；陈敬思译. — 北京：商务印书馆，2024

ISBN 978 – 7 – 100 – 24012 – 3

Ⅰ.①我… Ⅱ.①托… ②陈… Ⅲ.①父亲 — 角色理论 — 研究 Ⅳ.①C913.11

中国国家版本馆 CIP 数据核字（2024）第102531号

权利保留，侵权必究。

我们这些糟糕的好爸爸
父亲们的育儿实践与反思

〔德〕托比亚斯·莫施泰特　著
陈敬思　译

商 务 印 书 馆 出 版
（北京王府井大街36号　邮政编码 100710）
商 务 印 书 馆 发 行
山西人民印刷有限责任公司印刷
ISBN 978 – 7 – 100 – 24012 – 3

2024年9月第1版　　　　开本 889×1194　1/32
2024年9月第1次印刷　　印张 6⅛

定价：60.00元